최훈 선생님이 들려주는
과학자처럼 생각하기

어린이 과학 크로스 인문학
최훈 선생님이 들려주는 과학자처럼 생각하기

초판 1쇄 펴낸날 2018년 12월 3일
초판 7쇄 펴낸날 2025년 7월 23일

글	최훈
그림	이지은
펴낸이	홍지연

편집	홍소연 고영완 이태화 김지예 이수진
디자인 & 아트디렉팅	스튜디오 헤이, 덕
디자인	이정화 박태연 정든해 이설
마케팅	강점원 원숙영 김신애 김가영 김동휘
경영지원	정상희 배지수

펴낸곳	㈜우리학교
출판등록	제313-2009-26호(2009년 1월 5일)
제조국	대한민국
주소	04029 서울시 마포구 동교로12안길 8
전화	02-6012-6094
팩스	02-6012-6092
홈페이지	www.woorischool.co.kr
이메일	woorischool@naver.com

ⓒ 최훈, 이지은, 2018
ISBN 979-11-87050-71-1 73170

- 책값은 뒤표지에 적혀 있습니다.
- 잘못된 책은 구입한 곳에서 바꾸어 드립니다.
- KC 마크는 이 제품이 공통안전기준에 적합하였음을 의미합니다.

어린이 과학 크로스 인문학

최훈 선생님이 들려주는
과학자처럼 생각하기

글 최훈 | 그림 이지은

우리학교

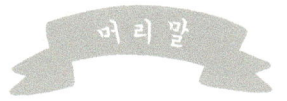

과학자처럼 생각하는 방법을 함께 배워 볼까요?

20세기는 과학의 시대였어요. 인류가 처음으로 달에 가게 되었고 평균 수명이 늘었으며 비행기와 컴퓨터도 발명되었죠. 20세기에 살았던 많은 어린이가 과학자를 꿈꾸었고 그중에 실제로 과학자가 된 사람도 많았어요. 덕분에 과학은 더욱더 발달했고요.

21세기도 역시 과학의 시대라고 할 수 있어요. 하지만 과학이 일상생활에 너무나 당연하게 스며들어 있어서인지 요즘은 '과학의 시대'라는 말을 잘 쓰지 않지요. 날마다 들고 다니는 스마트폰은 온갖 과학 기술이 모인 기계이지만 우리는 그런 생각 없이 부지런히 손가락만 움직여요. 그래서인지 최근에는 과학자보다는 공무원이나 유튜버가 꿈인 어린이가 더 흔해졌어요.

과학 지식은 인류가 쌓아 온 온갖 지식의 대부분을 차지할 뿐만 아니라 가장 믿을 만한 지식이기도 해요. 과학 기술은 나날이 발전하고 이제 우리는 과학 기술의 도움 없이 생활할 수 없는데도 여전히 과학적으로 생각하지 않는 사람들이 많아요.

과학자만 과학을 배우고 연구하는 건 아니에요. 우리는 초등학교 때부터 고등학교 때까지 오랜 시간 동안 과학을 배웁니다. 대학에 가서도 과학이나 공학을 전공하는 사람들이 많지요. 그런데 과학을 연구하는 과학자들조차 자신의 연구 영역을 벗어나는 일은 비과학적으로 생각할 때가 있어요. 늘 과학을 접하고 배우지만 과학자처럼 생각하는 방법은 배우지 못한 탓이 아닐까요?

오늘날에도 인류가 달에 간 것은 사실이 아니라고 생각하고 혈액형에 따라 성격이 다르다고 믿으며 미신이나 점이 잘 맞는다고 생각하는 사람들이 있어요. 급기야 아이들에게 예방 주사를 맞히지 않아도 된다고 생각하거나 가짜 뉴스를 믿는 사람도 주변에서 볼 수 있어요. 미신이나 점을 믿으면 믿는 사람 자신만 손해이지만, 예방 주사를 맞히지 않고 가짜 뉴스를 믿게 되면 다른 사람들에게 큰 피해를 주게 됩니다.

저는 철학을 공부하고 가르치는 사람이에요. 철학은 당연하게 생각하는 것을 반성하는 일이에요. 과학자처럼 생각하는 것도 철학자의 일 중 하나이지요. 제가 나서서 여러분에게 과학자처럼 생각하는 것이 얼마나 중요한지 이야기하고 싶어서 예전에 『나는 합리적인 사람』이라는 책을 썼어요. 그 책을 어린이의 눈높이에 맞게 고치고 새로운 내용을 덧붙여서 다시 내게 되었어요.

    우리는 세상을 살아가면서 다양한 사람을 만나고 수많은 경험을 합니다. 그리고 늘 무언가를 판단하고 결정하지요. 과학자처럼 생각할 수 있다면 엉뚱한 판단을 내리거나 잘못된 결정을 하지는 않을 거예요. 그럼 지금부터 과학자처럼 생각하는 방법을 함께 배워 볼까요?

2018년 겨울

최훈

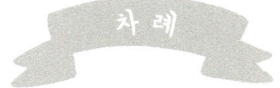

① 스마트폰을 든 원시인 ••• 11

과학의 시대에 사는 빠삐코 | 밥은 답을 알고 있을까? | 사이비 과학을 왜 믿을까?

② 그건 네 생각이지 ••• 27

외계인을 만났다고? | 증거가 있다니까! | 까마귀는 까맣다 | 양쯔강돌고래와 네스호의 괴물 | 지구가 평평하다고?

③ 문어에게 물어봐 ••• 51

이길 팀을 맞히는 점쟁이 문어 | 불가사의한 힘의 정체는 바로 이것! | 너와 내가 생일이 같을 확률은 97퍼센트 | 우연은 우연일 뿐, 오해하지 말자

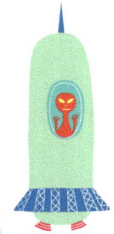

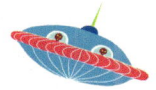

④ 때문에 때문에 때문에 ••• 65
미역국을 먹으면 진짜 시험을 망칠까? | 까마귀 날자 배 떨어지는 징크스 | 초능력의 수수께끼

⑤ 미래를 예언할 수 있다면 ••• 77
동쪽으로 가면 귀인을 만날 거예요 | 하늘에서 공포의 왕이 내려온다고? | 혈액형으로 성격을 맞힐 수 있을까? | 귀에 걸면 귀걸이, 코에 걸면 코걸이

⑥ 4시 44분, 편견을 뒤집는 시간 ••• 99
어떤 하루 | 여자는 말이 많다고? | 누구나 편견의 희생양이 될 수 있어 | 머피의 법칙은 나에겐 안 통해!

⑦ 과학자처럼 생각하기 ••• 119

1

스마트폰을 든 원시인

과학의 시대에 사는 빠삐코

여기 한 원시인 소년이 있어요. 이름은 빠삐코입니다. 글쎄, 며칠 전에 멧돼지 한 마리가 냅다 뛰어가더니 나무에 머리를 박고 죽는 게 아니겠어요? 그날 빠삐코는 손쉽게 맛있는 멧돼지 고기를 얻었죠. 그 뒤로 빠삐코는 사냥을 나가는 대신 나무 밑에서 멧돼지를 기다립니다. 멧돼지가 또 나무에 부딪쳐 죽을 거라고 기대하면서요.

옛날 중국에도 빠삐코 같은 농부가 있었대요. 어느 날 토끼 한 마리가 뛰어가다가 농부의 밭에 있는 그루터기에 목을 부딪쳐 죽고 말았어요. 토끼 고기를 아무런 노력 없이 얻은 농부는 그 뒤로 밭을 갈 생각은 하지 않고 토끼만 기다리다가 그해 농사를 다 망쳤다고 해요. 이 이야기에서 수주대토(守株待兎)라는 말이 나왔답니다.

농부처럼 빠삐코도 당연히 어제 오늘 모두 멧돼지를 만나지 못했어요. 게다가 오늘은 날씨마저 좋지 않네요. 비가 내리더니 번개까지 쳐요.

'내가 멧돼지를 쉽게 얻으려니까 멧돼지의 신이 괘씸해서 벌을 내리나 보다.'

빠삐코는 너무 무서워 나무 밑에 엎드려 나무의 신에게 싹싹 빌었어요. 멧돼지의 신에게 대신 용서를 빌어 달라고요. 기도한 효과가 있었는지 비와 번개가 멈추었습니다.

빠삐코가 이번엔 조개를 주우러 바다로 갑니다. 수평선 너머로 지는 해가 보이네요. 해는 아침마다 산 뒤에서 떠올라 바다 너머로 집니다. 빠삐코는 바다 끝에 무서운 낭떠러지가 있다고 생각해서 절대로 멀리 헤엄쳐 나가지 않죠.

날이 어두워지자 빠삐코는 집으로 향해요. 돌아가는 길에 매머드에 받혀 죽은 사람들을 묻은 곳에서 반짝반짝 도깨비불이 보입니다. 죽은 사람들이 귀신으로 나타난 것이 분명해요. 겁이 난 빠삐코는 얼른 동굴로 뛰어 들어갔답니다.

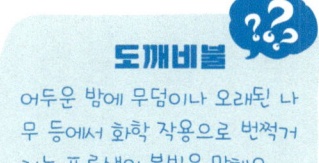

도깨비불
어두운 밤에 무덤이나 오래된 나무 등에서 화학 작용으로 번쩍거리는 푸른색의 불빛을 말해요.

만약 여러분 주위에 빠삐코처럼 생각하는 친구가 있다면 어떨까요? 번개가 치면 하늘이 화나서 내리는 벌이라며 이불 속에 숨고, 바다 끝 낭떠러지에 떨어질까 봐 바나나 보트는 절대 타지 않는 친구요. 너무 황당해서 웃음도 나오지 않을 거예요.

물론 여러분도 어렸을 때는 빠삐코처럼 생각하기도 했을 거예요. 하지만 아주 옛날에는 어린아이든 어른이든 모두 빠삐코와 같은 생각을 하며 살았습니다. 그렇게 멀지 않은 과거에 우리나라 사람들은 달에서 토끼가 방아를 찧고 있다고 믿었어요. 서양 사람들은 달이 치즈로 이루어져 있다고 생각했고요.

이제는 어떤가요? 인류가 이미 달에 다녀온 지금, 달 토끼나 치즈 달을 진지하게 믿는 사람은 아무도 없습니다. 동화 같고 낭만적인 생각이지만 비과학적이고 터무니없는 생각이라는 사실을 잘 알고 있기 때문이죠.

그런데 이런 과학의 시대에 아직도 빠삐코 같은 사람들이 있습니다. 놀랍게도 한두 명이 아니라 상당히 많답니다.

밥은 답을 알고 있을까?

지금부터 그 증거를 보여 줄게요. 여기 한 실험이 있습니다. 두 개의 병

에 밥을 담은 뒤 한쪽 병에는 "고맙습니다."라고 말합니다. 다른 쪽 병에는 "짜증 나."라고 말합니다. 여러분은 이미 실험 결과를 잘 알고 있을 거예요.

며칠이 지나 두 병 속에 곰팡이가 슬었죠. 그런데 긍정적인 말을 계속 들려준 밥은 예쁜 모양의 곰팡이가 피었고, 부정적인 말을 계속 들려준 밥은 보기에도 역겨운 곰팡이가 피었다네요.

이 실험은 여러 가지 형태로 널리 알려져 있어요. 『물은 답을 알고 있다』라는 책도 같은 실험 이야기를 다루고 있죠. 이 책을 쓴 일본 사람은 물에 말을 거는 대신 '고맙습니다.', '짜증 나.' 같은 말이 적힌 쪽지를 붙여 놓았어요. 물은 밥과 달리 그 변화가 바로 눈에 보이지 않으니까 물을 얼린 다음 결정 구조를 관찰했대요.

자, 과연 어떻게 됐을까요? 이 실험 결과도 예상할 수 있겠죠? 긍정적인 말을 붙여 놓은 물의 결정은 아주 아름다웠고, 부정적인 말을 붙여 놓은 물의 결정은 보기 흉한 모양이었다고 해요.

심지어는 식물 실험도 유명합니다. 고맙다는 말을 들려주면 식물이 더 잘 자라고, 짜증을 내면 식물이 잘 자라지 못한다고 하죠.

　이 실험이 우리에게 전달하려는 메시지는 분명해요. "짜증난다."나 "싫어."처럼 부정적인 말보다는 "사랑한다."나 "고맙다." 같은 긍정적인 말을 하자는 거예요.

　아무리 좋은 말도 그냥 말로만 하면 왠지 시시합니다. "긍정적인 말을 들으면 꿈과 용기가 생기고 부정적인 말을 들으면 상처 입고 좌절합니다. 우리 모두 긍정적인 말을 사용합시다!" 이렇게 소리 높여 외쳐 봤자 뻔한 말 같고 별 감동이 없잖아요.

　반면에 밥 실험이나 물 실험을 통해서 메시지를 전달하면 사람들의 반응이 훨씬 뜨거워요. '하물며 밥이나 물도 좋은 말과 나쁜 말에 영향을 받는데, 사람은 얼마나 더 큰 영향을 받을까? 듣는 사람을 배려해 신중하게 말해야겠다.' 이런 생각이 저절로 들죠.

　그런데 이 실험이 전부 엉터리라면 어떻게 될까요? 이렇게 좋은 메시지를 뒷받침하는 근거가 말짱 헛소리라면 어떻게 되는 거죠?

　생각해 보세요. 귀가 있는 것도 아닌데 어떻게 밥알이 말을 알아들을까

요? 눈이 달린 것도 아닌데 어떻게 물이 글자를 읽고 그 뜻을 이해할까요? 정말 이상하지 않나요?

'예쁜' 곰팡이라는 말도 이상해요. 곰팡이의 모양이 예쁜지 흉측한지 판단하는 기준은 사람마다 다르잖아요. 또 검고 흉측한 모양이더라도 인간에게 이로운 곰팡이라면 부정적인 말이 아니라 긍정적인 말에 생겨야 하지 않을까요? 무엇보다 곰팡이는 생태계에 없어서는 안 될 중요한 미생물인데 모양만으로 긍정과 부정을 판단한다는 것 자체가 말이 안 되죠.

물의 결정 구조도 마찬가지예요. 어떤 결정의 모양이 아름다운지 흉한지는 사람마다 보는 눈이 다를 수 있어요. 이 실험을 한 사람은 글자의 파동이 물에 전달된다고 했는데 그런 파동이 있는지도 모르겠지만 내용에 따라 파동이 달라진다니 황당해요.

　식물은 살아 있는 생명체지만 사람의 말을 알아들을 수 있는 감각 기관이 없죠. 실험 결과도 식물을 키우는 사람에 따라 달라요. 어떤 사람은 양파를 키우면서 한쪽에는 칭찬하고 한쪽에는 욕을 했는데, 욕을 들은 양파가 훨씬 더 크고 멋지게 자라서 이 과정을 인터넷에 올려 유명해지기도 했어요.

　이 실험을 믿는 사람들은 말과 글자의 파동이니 진동이니 주파수니 하는 용어를 쓰면서 자신들의 주장이 마치 과학인 척 포장합니다. 하지만 이 실험들은 과학적인 근거가 전혀 없는 '사이비 과학'이에요. '유사 과학'이라고도 하죠. '사이비'니 '유사'니 하는 말은 가짜라는 뜻이에요. 쉽게 말해 '짝퉁 과학'이라는 소리죠.

사이비 과학을 왜 믿을까?

　왜 사이비 과학이 나올까요? 과학이 사람들에게 신뢰를 주기 때문에 거기에 편승하기 위해서예요. '과학' 또는 '과학적'이라는 말은 검증된 지식으로 통해요. '침대는 가구가 아니라 과학'이라고 광고하고, 화장품을 소개하면서 '피부 과학'이라고 하는 것도 다 같은 이유에서죠. 심지어 과학 이론인 진화론에 반대하는 창조론도 스스로를 '창조 과학'이라고 부른답니다.

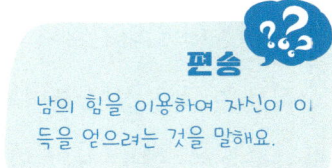

편승
남의 힘을 이용하여 자신이 이득을 얻으려는 것을 말해요.

내가 사이비 과학을 믿든 말든 다른 사람이 참견할 바가 아니라고요? 그렇지 않아요. 잘못된 사이비 과학을 믿으면 자신뿐만 아니라 사회 전체적으로 심각한 문제를 불러올 수 있거든요. '약 안 쓰고 아이 키우기'를 실천했던 부모들 이야기를 예로 들어 볼게요.

아이가 건강하게 자라길 바랐던 부모들은 잘못된 지식으로 아이를 더 아프게 만들었어요. 인터넷 커뮤니티를 중심으로 정보를 얻으며 아이가 병이 나도 병원에 가지 않고 아무리 열이 높아도 해열제를 먹이지 않았죠. 아동 학대라는 이야기가 나올 정도로 고집스럽게 약을 거부하다가 아이가 평생 남을 후유증을 얻기도 했어요.

더 큰 문제는 이 부모들이 아이들에게 예방 접종을 시키지 않았다는 사실이었죠. 예방 접종은 제약 회사가 약

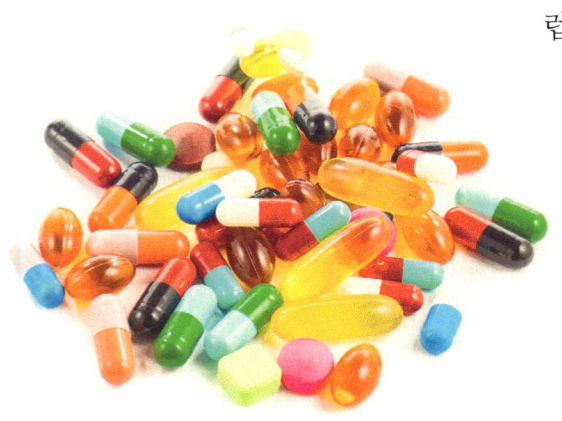

을 팔아 돈을 벌기 위해 꾸며 낸 음모라고 주장하면서, 예방 접종을 안 해도 아이들이 병에 안 걸리고 건강하게 자라고 있다는 걸 근거로 내세웠어요.

하지만 그 아이들이 병에 안 걸린 건 주변에 있는 다른 아이들이 모두 예방 접종을 한 덕분이었어요. 다른 아이 덕분에 만들어진 전염병 안전 구역에 들어와 있으면서 엉뚱한 소리를 한 거죠. 예방 접종의 혜택을 보고 있으면서 예방 접종을 반대하는 꼴이에요.

옛사람들은 '호환마마'를 가장 무서워했어요. 호환은 호랑이에게 물려가는 일이고 마마는 전염병인 천연두예요. 이제 우리나라 호랑이는 멸종되었고 천연두는 예방 접종 덕분에 지구상에서 사라졌어요. 그런데 예방 접종을 하지 않는 아이들이 생기면 이 무서운 전염병이 언제 다시 우리를 공격할지 몰라요. 실제로 미국에서 예방 접종 거부 운동이 벌어지면서 거의 사라졌던 홍역이 순식간에 몇백 건씩 발병해 큰 사회 문제가 되기도 했어요.

이렇게 사이비 과학을 믿으면 믿는 사람뿐만 아니라 사회 전체에 심각한 피해를 끼치게 돼요. 바로 '민폐'를 끼치는 사람이 되는 거죠. 우리가 왜 합리적이고 과학적으로 생각하며 살아야 하는지 그 이유를 알겠죠?

밥 실험이나 물 실험도 개인의 어리석은 믿음으로 끝나지 않아요. 이런 비과학적인 태도를 배운 사람은 결국 나중에 약 안 쓰고 아이 키우는 부모가 될 가능성이 크답니다. 그런데도 밥 실험은 초등학교 교과서에 당당하게 실려 있고, 『물은 답을 알고 있다』라는 책은 베스트셀러가 되었어요. 정말 안타까운 일이죠.

오늘날 과학 기술은 눈부시게 발전하고 있습니다. 누구든 정보 통신 기술을 한데 모은 스마트폰을 항상 가지고 다니며 실시간으로 무엇이든 검색할 수 있어요. 그런데도 우리는 왜 나무 밑에서 멧돼지를 기다리던 빠삐코나 믿을 만한 실험을 의심하지 않는 걸까요?

우리는 학교에서도 일상에서도 늘 과학을 접하고 배우죠. 그런데도 밥 실험과 물 실험을 이상하게 느끼지 않는 건, 과학만 배웠지 '과학적으로 생각하는 방법'을 배우지 못했기 때문이에요. 그래서 여러분뿐만 아니라 사람들 대부분이 자기 생각의 어느 부분이 어떻게 잘못되었는지 알지 못하는 거예요.

저는 철학자랍니다. 철학은 인간과 세계에 끝없는 질문을 던지고 답을 찾는 학문이죠. 모두가 당연하다고 생각하는 지식이나 상식을 의심하고 과연 그 생각이 맞는지 마지막의 마지막까지 따져 보는 공부예요. 과학이 정말 과학적인지 살펴보는 일도 철

학자의 중요한 임무죠.

우리는 드론을 날리고 인공지능 로봇을 만드는 과학의 시대를 살고 있습니다. 과학적으로 생각할 줄 모르면 세상을 잘 살아가기 참 어렵죠. 저는 여러분과 과학적으로 생각하는 방법에 관한 이야기를 나누고 싶어요.

자, 이제부터 어떻게 해야 합리적이고 과학적으로 생각할 수 있는지 알려 줄 거예요. 먼저 어떤 것이 비과학적인 생각인지 보여 줄게요. 잘못된 생각이 무엇인지 알아야 그것을 피할 수 있으니까요. 그럼 이야기를 시작해 볼까요?

**담벼락에서 원시인을 마주친다면
기분이 어떨까요?**

이 그림은 뱅크시라는 그래피티 아티스트가 미국 로스앤젤레스의 어느 건물 벽면에 그린 <패스트푸드 원시인>이에요. 그래피티 아트란 벽을 긁거나 스프레이 페인트 등을 뿌려서 담벼락에 전달하고 싶은 메시지를 표현하는 예술 장르랍니다. 한 손에는 뼈다귀를, 다른 손에는 햄버거와 감자튀김과 음료를 들고 무표정한 얼굴로 정면을 바라보는 모습이 낯설고도 재미있어요. 급하게 패스트푸드로 끼니를 때우고 생각할 여유도 없이 허겁지겁 살아가는 우리의 모습이 원시인과 비슷하죠?

뱅크시의 또 다른 작품은 원시 시대의 유물을 흉내 낸 시멘트 조각이에요. 뱅크시는 2003년 런던 대영 박물관의 고대 유물 전시장 벽에 이 시멘트 조각을 몰래 붙였어요. 이 조각을 보면 야생의 감수성은 모두 잃은 채 마트에서 욕심껏 카트에 물건을 집어넣는 현대인의 모습이 떠오르지 않나요?

뱅크시 작품 속에 등장하는 두 원시인은 우리의 바쁘고 무감각한 삶을 유쾌하게 꼬집어요. 앞에서 원시인을 미개하다고 했는데, 아무리 미개한 생활을 했다 해도 원시인이 우리 현대인보다 행복하지 않았다고 딱 잘라 말할 수 있을까요?

2

그건
네 생각이지

외계인을 만났다고?

외계인은 우리가 사는 지구 말고 다른 행성에 산다고 생각하는 지적인 생명체입니다. UFO(미확인 비행 물체)는 외계인이 타고 온다고 생각되는 우주선이고요. 여러분은 외계인이 있다고 생각하나요? UFO는요?

외계인을 만났다거나 UFO를 봤다는 사람들이 있습니다. 여러분은 그 사람들의 말을 믿나요? 외계인이 있다고 생각하는 사람들은 이 넓은 우주에 지구에만 지능이 있는 생명체가 살 리 없다고 말해요. 우리 은하계에는 지구와 같은 행성이 수백억 개가 있고, 우주에는 또 그런 은하계가 수백억 개나 있으니까요.

우주에 관한 이야기를 담은 SF 영화 〈콘택트〉에서 주인공은 이렇게 말합니다.

"다만 우리만 살고 있다면, 우주 공간의 엄청난 낭비일 거야."

은하계
은하를 이루고 있는 수많은 항성과 행성 등이 모인 것이에요. 태양계는 은하계의 한 부분이에요.

 어떻게 생각하면 넓은 우주에 지적인 생명체가 우리만 있다는 건 무서운 일인 것 같아요. 아주 큰 나라에 우리 집 하나만 딸랑 있다고 생각해 보세요. 무섭지 않겠어요?
 인류는 오랫동안 외계인과 우주에 대해 많은 생각을 했어요. 하지만 우주선을 보낸다거나 외계에서 온 전파를 분석하는 등 과학적인 조사를 할 수 있게 된 것은 얼마 되지 않았답니다.
 만약 우주에 지능을 지닌 생명체가 있고 그들의 과학 기술이 발달했다면 우주로 전파를 보낼 거예요. 그래서 과학자들은 그 전파를 수신하는 계

획을 세웠죠. 외계지적생명체탐사(SETI)라는 프로그램입니다. 이는 엄연한 과학적 연구예요.

이런 과학적인 접근과는 별개로 한쪽에선 외계인과 UFO에 관한 이야기가 끊임없이 쏟아져 나와요. 사람들은 인터넷에서 외계인에게 납치되었다거나 외계인의 무덤이 발견되었다는 글을 보면 궁금한 마음에 꼭 확인해 보잖아요.

이것은 모두 사람들의 관심을 끌기 위한 거짓말일까요? 외계인의 존재를 믿는 종교도 있고 심지어 외계인이 인간을 창조하고 지구에 문명을 건설했다고 주장하는 사람도 있는데, 모든 게 꾸며 낸 이야기일까요? 꽤 그럴듯한 이야기가 정말인지 아닌지 우리는 어떻게 알 수 있을까요?

증거가 있다니까!

무언가가 있다는 사실을 증명하려면 증거를 보여야 합니다. 옆집에서 개를 키우고 있다는 것을 증명하기 위해서는 옆집에서 개 짖는 소리를 들었다거나 옆집 아저씨가

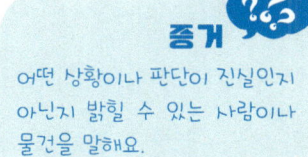

증거
어떤 상황이나 판단이 진실인지 아닌지 밝힐 수 있는 사람이나 물건을 말해요.

개를 데리고 나오는 모습을 봤다는 등 증거를 제시하면 됩니다.

외계인이나 UFO가 있다고 주장하는 사람들은 그 주장을 증명하기 위해 어떤 증거를 제시할까요? 바로 외계인을 직접 만났다거나 UFO를 직접 봤다는 증거예요. 직접 만났다거나 직접 봤다는 것만큼 확실한 게 어디 있겠어요? 옆집에 개가 있다는 사실을 증명하는 데 내가 직접 봤다는 것 말고 무슨 증거가 더 필요하겠어요. 그래서 외계인과 UFO를 믿는 사람들은 대부분 자신의 경험담을 내놓아요.

중앙아시아에 있는 조그마한 나라의 어떤 대통령은 외계인에게 납치된 적이 있다고 해요. 물론 누가 그 납치 광경을 본 것은 아니에요. 본인이 그렇게 말할 뿐이죠.

그가 말하길 자신이 살던 아파트 베란다에서 누군가 자신을 부르는 소리가 나서 나갔더니 노란색 우주복을 입은 외계인들이 있었다고 해요. 그 외계인들이 자신을 UFO에 태우고 그들이 사는 별로 데리고 가서 구경시

켜 줬다는 거예요.

외계인과 어떻게 의사소통을 할까요? 납치되었다는 대통령은 텔레파시로 의사소통 했다고 주장해요. 적어도 몇백 광년은 날아와 지구에까지 찾아올 정도로 과학 기술이 발달된 외계인이라면 지구인의 언어를 자동으로 통역하는 일쯤은 식은 죽 먹기일지도 모르죠.

외계인을 만났다는 경험은 대개 이런 식이에요. 외계인에게 납치될 때 UFO에서 나오는 광선에 끌려가요. 어떤 사람은 한 번도 아니고 여러 번 꾸준히 외계인과 만났다고 해요. 당연히 외계인의 UFO를 타고 그들이 사는 별에 가거나 지구에 있는 비밀 기지를 방문했다고 하고요. 심지어는 외계인을 임신했다고 증언하는 사람도 있습니다. 더 나아가 자신이 낳은 외

텔레파시
시각, 청각, 후각, 미각, 촉각 따위의 감각 경험을 사용하지 않고서도 멀리 있는 사람 사이에 생각이나 말이 통하는 현상을 말해요.

계인이 비밀 기지에서 자라고 있다고 말하기도 하죠.

어떤가요? 단순히 외계인을 만났다는 정도가 아니라 내용이 아주 구체적이죠? 꾸며 낸 이야기라고 하기에는 꽤 그럴듯하게 들립니다.

그런데 이상한 것은 외계인을 만난 사람은 많은데 다들 혼자서만 만났다는 점이에요. 여러 사람이 함께 외계인을 만났다는 증언은 없어요. 외계인과 같이 찍은 사진도 없어요. 물론 외계인의 시체라고 주장하는 사진은 있지만 직접 찍은 외계인 사진이나 외계인과 함께 찍은 사진은 없습니다. 요즘 말로 '인증샷'이라는 게 있으면 누구나 믿을 텐데 말이죠.

UFO 사진이라고는 UFO인지 아닌지 확인하기 힘들 정도로 희미하게 찍힌 것뿐이에요. 게다가 천체를 전문적으로 연구하는 천문학자들의 눈에는 한 번도 안 띄고요.

바로 이 점이 외계인과 UFO가 존재한다는 주장을 의심하게 만들어요.

외계인을 만났거나 UFO를 목격한 사람들이 모두 혼자서만 경험했다는 사실 말이에요.

어떤 주장이나 지식이 합리적이고 믿을 만한 것이 되려면 혼자만의 경험에 그쳐서는 안 돼요. 반드시 개인적인 경험을 넘어서야 하죠. 왜 그런지 볼까요?

까마귀는 까맣다

합리적이고 믿을 만한 주장 중에 가장 대표적인 것은 과학적 지식입니다. 아주 쉬운 과학적 지식을 예로 들어 볼까요? '까마귀는 모두 검다.'는 훌륭한 과학적 지식이에요. 까마귀는 정말로 모두 검으니까요.

이런 과학적 지식도 처음에는 개인의 경험에서 시작해요. 수현이가 까마귀 한 마리를 보았더니 검은색이었어요. 수현이는 "이 까마귀는 검구나."라고 관찰을 해요.

수현이의 관찰은 개인의 경험이에요. 수현이가 혼자서 본 것이니까요. 이를 주관적 경험이라고 해요. '주관적'이라는 것은 개인의 생각에 기초하고 있다는 뜻이랍니다. 쉽게 말해 이 까마귀가 검다는 것은 수현이만의 생각일 수도 있죠.

 이것만 가지고는 과학적 지식이 될 수 없습니다. "까마귀는 검다."라고 말했을 때 누군가 "그건 네 생각이지."라고 답하면 할 말이 없잖아요? 어떤 주장이나 지식은 혼자만의 생각이 아니라 다른 사람들도 동의할 수 있는 생각이 되어야 신뢰를 얻어요. '주관적'의 반대말, 곧 '객관적'인 지식이 되어야 하는 것이죠. 객관적 지식이 되기 위해서는 내가 경험한 것을 다른 사람들이 맞는다고 확인해야 해요.

 말이 조금 어렵죠? 그러나 객관적인 지식이 되는 과정을 실제로 들여다보면 그리 어렵지 않아요. 수현이가 까마귀를 관찰하고 "이 까마귀는 검다."라고 주장합니다. 그러면 다른 사람들도 그 까마귀를 관찰하고 검다는 사실을 확인하면 되죠. 수현이뿐만 아니라 한솔이도 유정이도 그 까마귀를 보고서 검은지 아닌지 확인하는 거예요. "이 까마귀는 검구나."라는 수현이의 주관적인 관찰은 이렇게 객관적으로 확인돼요.

반면에 외계인을 만난 경험은 객관적으로 확인되지 않았어요. 까마귀가 검은지 검지 않은지는 다른 사람들도 확인할 수 있지만, 외계인을 만났다는 경험은 직접 경험했다고 주장하는 사람 외에는 확인된 적이 없으니까요.

물론 객관적인 확인이 애초에 어려운 경우도 있어요. 여러분은 꾀병을 부려 본 적이 있나요? 꾀병인지 아닌지 어떻게 확인할 수 있을까요?

어설프게 꾀병을 부리면 엄마에게 금방 들키겠지만, 아주 연기력이 뛰어난 사람이 꾀병을 부린다면 의사 선생님도 머리를 갸우뚱하면서 속을 거예요. 다른 사람의 마음속을 들여다볼 방법은 없으니까요. 그러니 정말로 아파서 아프다고 하는지 꾀병인데 아프다고 하는지 당사자를 제외한 다른 사람은 확인하기 어렵죠.

 하지만 까마귀나 외계인은 마음속에 있는 것이 아니에요. 어떤 식으로든 객관적으로 확인할 수 있어야 해요. 까마귀가 검은색이라는 사실은 객관적으로 확인되는데 외계인을 만난 경험은 확인되지 않는다면 뭔가 문제가 있는 거예요.
 까마귀는 흔하니까 여러 사람이 쉽게 객관적으로 확인할 수 있지만 외계인은 드무니까 객관적 확인이 쉽지 않다고요? 글쎄요, 외계인이 정말로 있다면 여러 사람 앞에 나타날 법도 한데 왜 꼭 한 사람 앞에만 나타나는지 모르겠어요. 외계인들이 자신의 존재를 숨기려고 일부러 한 사람 앞에

만 나타나는지도 모르겠네요. 그래도 의심이 듭니다.

양쯔강돌고래와 네스호의 괴물

양쯔강돌고래에 관한 이야기를 들어 본 적이 있나요? 돌고래는 바다에 살지만 양쯔강돌고래는 중국 양쯔강에 사는 민물 돌고래입니다. 정확히 말하면 양쯔강에 살았어요. 지금은 멸종되었다고 알려져 있으니까요.

양쯔강 주변에 사는 왕타오라는 사람이 혼자서 양쯔강돌고래를 봤다고 해 봐요. 양쯔강돌고래가 또 언제 나타날지 모르니 다른 사람이 확인해 줄 수는 없어요.

그렇지만 우리는 왕타오의 관찰이 믿을 만한지 아닌지 객관적으로 확인할 수 있어요. 우리는 멸종하기 전 양쯔강돌고래의 모습을 알고 있고, 그 동물에 대해 풍부한 과학적 지식을 가지고 있습니다. 그러니까 왕타오의 관찰을 그 내용과 비교하면 되죠.

왕타오가 관찰한 동물이 청회색 몸에 주둥이가 가늘고 긴 양쯔강돌고래의 생김새와 일치하는지 확인해 볼 수 있어요. 또 양쯔강돌고래의 생태를 알기 때문에 왕타오가 어디에서 양쯔강돌고래를 발견했는지, 어떤 움직임을 목격했는지를 듣고 그 이야기가 믿을 만한 것인지 아닌지 판단하면 됩니다.

혼자만의 경험이라도 이미 알려진 상식이나 다른 과학적 지식과 일치한다면 그 경험은 객관적이라는 신뢰를 얻을 수 있어요.

이번에는 영국으로 가 볼까요? 영국 스코틀랜드의 네스호에서 공룡처럼 생긴 거대한 괴물을 봤다는 증언이 중세 때부터 지금까지 꾸준히 있었어요. 이 이야기는 워낙 유명해서 괴물은 '네시'라는 이름까지 얻었습니다. 있는지 없는지도 모르는데 이름부터 얻었죠.

 양쯔강돌고래와 달리 네시는 그 존재가 객관적으로 확인된 적이 한 번도 없어요. 누군가 네스호에서 괴물을 봤다고 해도 그 괴물이 네시인지 아닌지 확인할 수 없다는 말이죠.
 게다가 네시의 존재는 우리가 가진 과학적 지식과도 일치하지 않아요. 공룡처럼 생겼다고 하는데 공룡은 멸종된 지 오래이고 현재 지구상에는 네시의 생김새와 비슷한 동물이 없으니까요.

네시도 종족을 유지하려면 몇십 마리가 함께 어울려 살아야겠죠. 하지만 거대한 괴물들이 먹고 살기에는 네스호의 물고기 수가 많이 부족해요. 네시 같은 파충류가 살기에는 물의 온도도 너무 낮고요. 네시를 봤다는 이야기는 주관적인 경험으로 끝날 가능성이 아주 큽니다.

만약 네시를 찍은 사진이 있다면 어떨까요? 그러면 네시의 존재를 증명할 수 있지 않을까요? 오래되긴 했지만 실제로 1933년에 로버트 윌슨이라는 외과 의사가 네시를 찍은 사진을 공개했습니다. 바로 '인증샷'이죠.

하지만 그 사진은 꾸며 만든 것으로 밝혀졌어요. 사진 찍는 일을 도운 사람 중 한 명이 죽기 전에 네시 사진은 장난감 잠수함에 나무 조각을 붙여 만든 모형을 찍은 것이라고 고백했거든요.

외계인을 봤다는 경험도 네시를 봤다는 경험과 똑같아요. 우리에게는 외계인에 대한 객관적 지식이 전혀 없어요. 그러니 외계인을 봤다는 이야기가 믿을 만한 것인지 아닌지 판단하려면 목격담 속 외계인의 모습과 행동이 우리가 가진 상식이나 과학적 지식과 얼마나 들어맞는지 확인해 보면 되는 거죠.

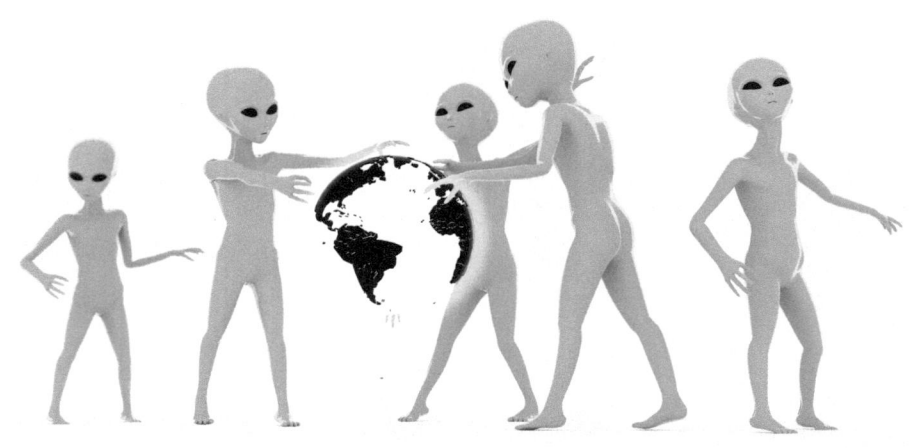

여러분은 외계인이 어떻게 생겼다고 알고 있나요? 아마 대부분 문어처럼 대머리이고 휑하니 뚫려 있는 눈에 벌거벗은 모습을 떠올리겠죠. 외계인을 만났다는 사람들도 이런 식으로 그 생김새를 묘사해요.

그런데 이상합니다. 지구에 있는 생물도 저마다 모습이 다른데, 먼 우주에서 온 외계인이 한결같이 사람과 비슷하게 생겼다니요. 우주에서 왔는데 우주복을 입기는커녕 발가벗고 있다는 것도 이상해요. 인간은 달에 갈 때도 무거운 우주복을 입는데 말이에요.

사람들이 외계인을 이런 모습으로 상상하게 된 데에는 외계인이 등장하는 SF 영화나 만화의 영향이 커요. 다시 말해 외계인을 직접 만났다는 사람들은 SF 영화에서 본 외계인의 이미지를 공상하거나 환각 상태에서 봤을 가능성이 크다는 것이죠.

귀신 영화를 본 다음 날 밤 긴 머리에 하얀 원피스를 입은 여자가 지나가는 모습을 보고 귀신으로 착각하는 것이나 마찬가지예요. 잠이 부족하거나 몸과 마음이 피곤할 때 헛것을 보는 사람이 많다는 연구 결과도 의학적으로 보고되고 있답니다.

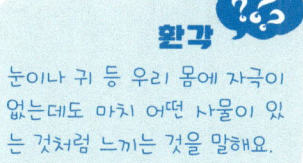

환각
눈이나 귀 등 우리 몸에 자극이 없는데도 마치 어떤 사물이 있는 것처럼 느끼는 것을 말해요.

그렇다고 넓은 우주에 우리 이외의 지적인 생명체가 있다는 가능성을 부정하는 것은 아니에요. 앞에서도 말했듯이 외계 문명을 탐색하는 과학적인 시도는 계속되고 있습니다. 다만, 그런 생명체가 있다 하더라도 지구까지 찾아온 외계인을 만났다는 증언이 과학적이지 못하다는 사실을 지적하는 거예요. 외계인을 만났다는 경험이 거짓임은 우리의 상식이나 과학적 지식으로 충분히 설명할 수 있어요.

이해하기 어려울 만큼 이상하고 신비한 사건이 일어났다고 해 봐요. 이를 미스터리라고 해요. 그런 미스터리가 진실인지 거짓인지 어떻게 판단해야 할까요? 방금 말한 것처럼 우리가 가진 상식이나 과학적 지식으로 판단해야 합니다.

외계인이 됐든 UFO가 됐든 네스호의 괴물이 됐든 그것을 실제로 봤다는 주장이 있더라도, 그 경험이 상식에서 너무 벗어나면 일단 의심해 봐야 해요. 의심은 꼭 나쁜 것이 아니에요. 진리를 찾기 위한 비판적 자세니까요.

그 경험이 헛것을 봐서 생겼거나 조작된 것이라는 사실을 설명할 수 있다면 그 경험은 혼자만의 것으로 끝나게 돼요. 이제 누가 외계인을 만난 적이 있다고 하면 이렇게 말해 주면 되겠죠.
"그건 네 생각이지."

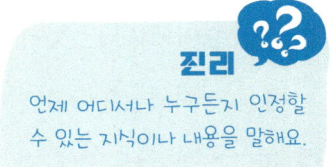
진리
언제 어디서나 누구든지 인정할 수 있는 지식이나 내용을 말해요.

지구가 평평하다고?

옛사람들에게 지구가 평평하다는 것은 과학적 지식이었어요. 그렇게 믿을 만한 증거가 있었죠. 수평선까지의 바다는 아무리 봐도 평평하니까요. 그리고 한 사람에게뿐만 아니라 다른 사람에게도 다 그렇게 보이니까요.

하지만 시간이 지나면서 지구가 평평하지 않고 둥글다는 증거들이 나오기 시작했어요. 배가 수평선으로 멀어질 때 자세히 보면 배의 밑부분부터 사라져서 돛대가 가장 마지막까지 보여요. 달에 비친 지구의 그림자도 둥글게 보이죠. 포르투갈의 탐험가 페르디난드 마젤란은 세계 일주를 통해 지구가 둥글다는 사실을 직접 증명했어요.

이제는 지구가 둥글다는 증거를 어렵게 찾아낼 필요도 없어요. 결정적으로 우주에서 찍은 지구의 사진이 지구가 둥글다는 사실을 보여 주니까요. 지구는 평평하지 않고 둥글다는 것은 과학적 지식이 되었습니다.

　이 지식도 오래도록 변하지 않는 것은 아니에요. 지구는 공처럼 완전히 둥글지 않고 한쪽이 약간 더 긴 타원형이라는 사실이 밝혀졌거든요. 과학적 지식은 끊임없이 변한답니다. 그러면서 우리는 점점 더 진리에 가까워지고 세상을 더 잘 이해하게 돼요.

　지구가 평평하다고 믿는 사람들이 있습니다. '세계평평한지구협회'라는 단체도 있고요. 이들에게 달에서 찍은 둥그런 지구의 사진을 보여 주면 아폴로 11호의 달 착륙은 조작되었으므로 사진을 믿을 수 없다고 주장해요. 더 놀라운 건 이들의 이야기에 귀를 기울이는 사람들이 꽤 있다는 사실이에요.

　사람들은 왜 수많은 과학적 증거를 무시하고 누가 봐도 비합리적이고 비과학적인 이야기에 솔깃해할까요? 왜 사실을 제대로 확인하지도 않고 그냥 믿어 버릴까요? 그것은 바로 인간이 이야기를 좋아하기 때문이에요. 이야기 중에

서도 다른 사람이 직접 겪은 이야기를 제일 좋아하죠.

이런 이야기를 일화나 에피소드라고 해요. 외계인을 만났다거나 네스호에서 괴물을 봤다는 경험담은 흥미진진한 일화(에피소드)예요. 많은 사람이 그 이야기를 재미있게 듣고 마음을 빼앗겨 그대로 믿어 버리죠. 반면에 과학적 지식은 재미가 없고 딱딱하기에 싫어하고요.

외계인이 없다는 과학적 지식보다 외계인을 만났다는 사람들의 이야기에 더 끌리는 것은 어쩌면 당연할지도 몰라요. 이야기를 좋아하는  것은 우리의 천성, 곧 태어날 때부터 가지고 있는 성격이니까요.

그렇다고 몇 사람의 이야기를 근거로 무언가를 믿거나 결정하면 어떻게 되겠어요? 당연히 제대로 된 판단이나 결정을 할 수 없겠죠. 이야기는 우리의 상상력에 날개를 달아 주고 감동과 즐거움을 줘요. 그러나 아무리 신기하고 생생한 이야깃거리에 마음이 끌려도 우리는 여러 사람의 동의를 거친 과학적인 증거를 따라 신중하게 결정하고 판단해야 합니다. 이것이 바로 합리적이고 과학적인 태도예요.

질문 있어요!

지구 곳곳에 나타나는 괴물과 외계인, 진짜로 있을까요?

네스호에만 괴물이 살고 있는 것은 아니에요. 손에 잡히는 건 모두 갈가리 찢어 죽인다는 히말라야의 설인 예티, 반은 인간이고 반은 유인원으로 지독한 냄새를 풍긴다는 빅풋도 있죠. 캐나다의 오카나간호에는 오고포고가, 콩고의 텔레호에는 모케레음베음베가 살고 있다고 해요.

흰색과 검은색 털을 가진 곰은 서양에서 전설 속의 동물이었습니다. 100년 전 중국의 숲속에서 처음 마주친 귀여운 판다도 유럽인에게는 괴물이었겠죠?

48

2009년 지구에서 42광년 거리에 있는 GJ 1214b 행성을 발견했을 때 사람들은 깜짝 놀랐어요. 행성 표면의 75퍼센트가 생명의 근원이 될 수 있는 물과 얼음으로 추정되었기 때문이에요. 하지만 평균 기온이 섭씨 204도나 되고 기압은 지구의 200배나 되는데 과연 생명체가 살 수 있을까요?

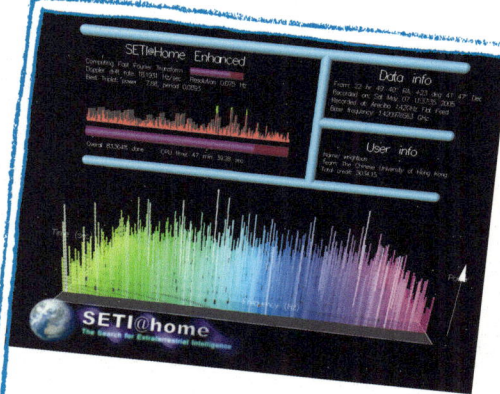

지구 밖 지적 생명체 탐색 프로젝트 SETI는 전파 망원경으로 외계에서 온 전파를 찾고 있죠. setiathome.berkeley.edu에서 프로그램을 내려받으면 외계 지적 생명체 탐사를 할 수 있어요.

3

문어에게 물어봐

이길 팀을 맞히는 점쟁이 문어

2010년 피파 월드컵은 남아프리카 공화국에서 열렸어요. 그때 축구 경기 못지않게 주목받은 동물이 있었는데, 바로 문어랍니다. 파울이라는 이름의 이 문어는 독일의 한 해양 박물관에 살았는데, 월드컵 경기에서 어느 팀이 이길지 모두 맞혔어요.

점쟁이 문어 파울이 축구 경기에서 이길 팀을 맞히는 방법은 이렇습니다. 파울이 사는 수족관 안에 유리 상자를 두 개 놓아요. 유리 상자에는 경기를 하게 될 두 나라의 국기가 붙어 있어요. 상자 안에는 문어의 먹이인 홍합이 들어 있고요. 문어 파울은 홍합을 먹기 위해 어느 한쪽 유리 상자로 먼저 들어갈 텐데, 그 선택이 곧 이길 팀을 맞히는 거예요.

문어 파울의 선택은 놀라운 적중률을 보였

답니다. 독일이 속한 예선 세 경기는 물론, 독일이 붙은 16강전과 8강전 결과까지 모두 맞혔어요. 독일에 사는 문어이니 독일 팬들은 독일과 스페인의 4강전에서 독일의 승리를 예측하길 바랐지만, 파울은 매정하게도 스페인의 승리를 점쳤어요. 그 예측은 들어맞았고요.

심지어 파울은 결승전에서 승리할 팀까지 맞혔습니다. 대단하죠? 일곱 경기의 결과를 모두 맞혀 버렸으니까요. 전설적인 브라질 축구 선수 펠레는 경기에서 이긴다고 예측한 팀이 실제로 지는 경우가 더 많아서 '펠레의 저주'라는 말까지 나왔어요. 문어인 파울이 사람인 펠레보다 훨씬 더 낫죠?

우리 인간이 생각하는 능력으로는 이해하기 힘든 이상한 일을 '불가사의'라고 합니다. 문어 파울의 예측력은 정말로 불가사의해요. 너무 잘 맞

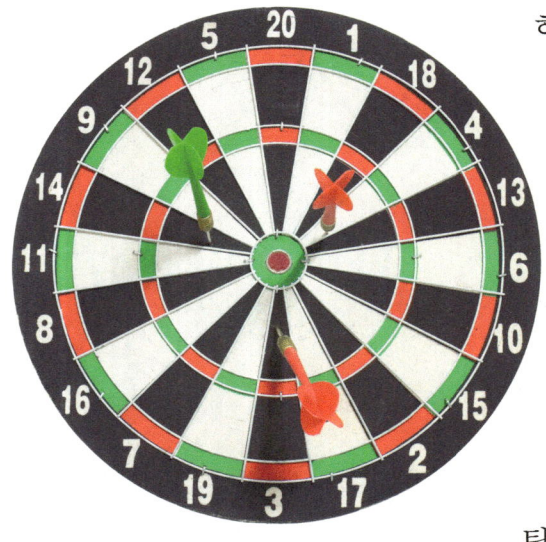

히는 파울을 보고 무서움을 느끼는 사람도 있겠죠. 혹시 파울에게 우리가 모르는 어떤 신비한 능력이 있는 걸까요?

우리나라에는 스포츠 경기에서 승리할 팀을 맞히는 스포츠 복권이 있고, 외국에는 스포츠 경기 때마다 승리할 팀에 돈을 거는 도박사들이 있어요. 문어 파울이 이긴다고 예측한 팀에 돈을 걸면 큰돈을 벌 수 있지 않을까요? 그런데 이를 어쩌죠? 문어 파울은 2010년 월드컵 경기가 끝나자 죽고 말았어요. 문어의 수명은 3년에서 5년 정도로 짧거든요.

불가사의한 힘의 정체는 바로 이것!

우리는 앞에서 어떤 주장이 믿을 만한 지식이 되려면 개인의 경험으로 끝나서는 안 된다는 것을 배웠어요. 혼자 아무리 많은 경험을 해도 다른 사람이 객관적으로 확인할 수 없으면 소용이 없다고요.

그런데 문어 파울의 예측은 개인의 주관적인 경험이 아니에요. 외계인을 만났다는 수현이의 경험은 수현이 말고는 아무도 알 수 없지만, 파울이 승리 팀을 맞히는 장면은 수현이뿐만 아니라 많은 사람이 함께 관찰할 수 있으니까요. 그것도 한 번이 아니라 일곱 번이나요.

문어 파울에게는 신비스러운 힘이 있었을까요? 파울이 승리할 팀을 맞히는 일이 정말로 불가사의한 걸까요? 그렇지 않아요. 그런 일은 결코 신기한 일이 아닙니다. 오히려 얼마든지 일어날 수 있는 일이죠.

월드컵 축구 경기 결과는 이기거나 지거나 둘 중의 하나이므로, 펠레가 맞히든 파울이 맞히든 맞힐 확률은 반반이에요. 분수로 말하면 2분의 1이죠. 정확히 말하면 비기는 경우도 있지만, 계산을 간단히 하기 위해 그 경우는 생각하지 말기로 해요.

자, 어떤 팀이 이길지 질지 맞힐 확률은 2분의 1이니 우승 팀을 맞히는 일은 그리 어렵지 않아 보이죠. 그러면 두 번 연속으로 예측이 들어맞을 확률은 얼마일까요?

확률
어떤 일이 일어날 가능성을 말해요. 확률은 0과 1 사이의 수인데 백분율, 즉 퍼센트로 나타낼 수도 있어요.

또 일곱 경기를 모두 맞힐 확률은 얼마일까요?

어떤 사건이 잇달아 일어날 확률은 각각의 사건이 일어날 확률을 곱하면 돼요. 지금은 확률을 공부하는 시간이 아니니까 걱정하지 말고 그냥 2분의 1을 일곱 번 곱해 보세요. 그러면 문어 파울이 일곱 경기를 모두 맞힐 확률은 128분의 1, 즉 0.008 정도가 돼요.

이렇게 보니 일곱 경기에서 이길 팀을 모두 맞힐 가능성은 아주아주 낮아 보이네요. 이런 불가능에 가까운 예측을 한 파울은 정말로 신비한 능력이 있는 것 같죠.

문어 파울의 예측이 진짜 불가능한 일이기만 할까요? 우리는 거의 일어나지 않을 것 같은 일을 이야기할 때 벼락 맞을 가능성이라는 말을 씁니다. 벼락 맞을 확률은 180만분의 1이라고 해요. 1년에 벼락이 치는 횟수와 벼락을 맞은 사람 수를 계산해서 나온 확률이에요. 일어날 가능성이 거의 없어 보이죠? 그런데 우리나라 인구는 약 5000만 명이나 됩니다. 이러니 운이 없기는 하지만 벼락을 맞는 사람이 꼭 몇 명씩은 나와요.

벼락 맞을 확률보다 더 낮은 게 로또 복권에 당첨될 확률이라고 합니다. 800만분의 1이니까요. 그런데도 로또 당첨자는 끊임없이 나오죠. 몇백만 명의 사람들이 한 사람당 몇 장씩 로또를 사니까요.

180만분의 1이니 800만분의 1이니 하는 확률은 여간해서는 일어나기 힘들어 보여요. 그러나 아무리 확률이 낮아도 일어나는 사건이 워낙 많다면 우연한 일이라도 일어나게 됩니다. 이것을 큰수의 법칙이라고 하죠.

그러므로 우연한 일이 일어나도 대단한 의미를 부여하거나 호들갑을 떨 필요가 없어요. 우연한 일이 일어나는 것보다 우연한 일이 안 일어난다고 생각하는 것이 더 신기한 일이니까요.

너와 내가 생일이 같을 확률은 97퍼센트

문어 파울이 일곱 경기의 결과를 연속으로 맞힐 확률은 0.008이었어요. 이것은 천 번 중에 여덟 번은 일어난다는 뜻이에요. 그러니까 파울이 경기 결과를 예측하는 일을 천 번 했다면 여덟 번은 우연히 연속으로 맞힐 수 있다는 거예요.

만약 문어 파울이 일곱 경기의 결과를 연이어 맞히는 일을 딱 한 번만 했는데 성공했다면 대단하긴 합니다. 그러나 딱 한 번만 했을까요? 아니에요. 파울은 수십 번에서 수백 번씩 경기 결과를 예측했어요.

잘 생각해 보세요. 문어 파울이 누가 이길지를 어떻게 예측했나요? 말로 했나요? 아니죠. 두 개의 홍합 중 하나를 골라 먹었을 뿐이에요. 우리가 그 모습을 보고 어느 쪽이 이기는 것으로 예측했다고 해석한 거죠.

문어 파울은 홍합을 월드컵 때만 먹었을까요? 매일매일 수백 번, 수천 번 먹었겠죠. 그렇다면 '큰수의 법칙'에 따라서 0.008의 확률은 일어날 수 있습니다.

또 이것만 생각해서는 안 돼요. 문어는 파울만 있는 것이 아니니까요. 전 세계의 수족관에는 수백, 수천 마리의 문어가 있을 거예요. 그 문어들이 각각 또 수백 번, 수천 번은 홍합을 먹겠죠. 따라서 문어 파울이 선택한 것과 똑같은 행동이 나오더라도 전혀 신기한 일이 아닙니다.

문어 파울이 일곱 번 연속으로 우승 팀을 맞힌 것은 단지 우연의 일치일 뿐이랍니다. 확률을 이해하면 문어 파울의 예측은 우연히 일어날 수 있는 여러 일 중 하나라는 사실을 알 거예요. 그러니 문어에게 뭔가 신비한 능력이 있다고 생각하면 안 되겠죠?

문어 파울이 일곱 경기의 결과를 연이어 맞힌 일은 어떤 사람이 동전을 일곱 번 연이어 던졌는데 모두 앞면이 나오는 일과 같아요. 어떤 사람이 딱 한 번 동전을 일곱 번 연이어 던졌는데 모두 앞면이 나온다면 참 신기한 일이에요.

그러나 100명의 사람이 나란히 서서 모두 동전을 일곱 번 던진다고 해 봐요. 이때 일곱 번 모두 앞면이 나오는 사람이 반드시 있게 마련입니다. 그런 사람이 한 명 이상 존재할 가능성을 계산해 보면 54퍼센트나 되죠. 100명이 아니라 1,000명이 모두 동전을 일곱 번 던졌다면 그 확률은 99퍼센트가 넘는답니다.

더 재미있는 이야기를 들려줄까요? 여러분 반에 생일이 같은 친구가 있다고 해 봐요. 여러분은 아주 신기하게 여길 거예요. 1년은 365일이니 생일은 365가지나 되고, 365명 이상은 모여야 생일이 같은 사람이 나오게 될 것 같으니까요.

30명 정도밖에 안 되는 한 반에 나와 생일이 같은 사람이 있다니, 특별한 인연처럼 느껴집니다. 그러나 생일이 같은 사람이 있다고 신기하게 생각한다면 확률을 이해하지 못한 거예요. 제대로 계산하면 23명만 있어도 어떤 두 사람의 생일이 같을 확률은 절반이 넘으니까요. 50명만 모여도 생일이 같은 사람이 있을 확률은 97퍼센트나 돼요.

확률의 도움을 빌려 조금만 생각해 보면 우연히 일어나는 일도 모두 설명할 수 있답니다. 거기에는 어떤 신비한 능력도 필요하지 않아요. 일어날 수 있는 여러 가지 일 중 하나가 일어난 것뿐이니까요.

우연은 우연일 뿐, 오해하지 말자

전혀 예상하지 못했던 일이 뜻밖에 일어날 때 이를 우연의 일치라고 해요. 우리는 살아가면서 우연의 일치를 자주 경험합니다. 그러나 이를 신기하거나 이상하게 생각할 필요는 조금도 없어요. 모두 합리적으로 설명할 수 있으니까요.

다른 미국 대통령 이름은 몰라도 링컨과 케네디는 들어 보았을 거예요. 두 대통령은 모두 인권에 관심이 많았고 암살되었죠. 이 정도는 누구나 알고 있습니다. 그런데 이외에도 신기할 정도로 공통점이 많아요. 몇 가지 예를 들어 볼까요?

1. 링컨은 1846년에 하원 의원으로 당선되었고 케네디는 1946년에 당선되었으며, 링컨은 1860년에 대통령으로 당선되었고 케네디는 1960년에 당선되었다.
2. 링컨(Lincoln)과 케네디(Kennedy)의 이름은 모두 일곱 글자이고 n이 2개씩 들어 있다.
3. 링컨을 암살한 존 윌크스 부스(John Wilkes Booth)와 케네디를 암살한 리 하비 오즈월드(Lee Harvey Oswald)는 이름이 세 단어로 이루어져 있고 글자 수가 15개이다.
4. 링컨은 포드 극장에서 암살되었고, 케네디는 포드 자동차에서 만든 링컨 자동차를 타고 가다가 암살되었다.

5. 링컨의 암살자는 극장에서 링컨을 쏜 뒤 창고로 도망갔고, 케네디의 암살자는 창고에서 케네디를 쏜 뒤 극장으로 도망갔다.
6. 링컨의 뒤를 이은 부통령 앤드루 존슨(Andrew Johnson)과 케네디의 뒤를 이은 부통령 린던 존슨(Lyndon Johnson)은 성이 같고 이름의 글자 수가 13개이다. 게다가 둘 다 미국 남부 출신이다.

이것 말고도 많아요. 정작 미국 사람들은 모르는 공통점도 있죠. 링컨과 케네디 모두 뱀띠입니다! 너무 신기하지 않나요? 암살과 관련된 공통점이다 보니 섬뜩한 생각까지 들죠?

그러나 우연의 일치를 잘 이해했다면 그렇게 생각하지 않을 거예요. 한 사람이 가진 특성, 이름이 뭐고 고향이 어디고 부모님이 누구고 등은 수백에서 수천 가지나 됩니다. 그 수많은 특성 중 공통점을 찾는 것은 아주 쉬운 일이에요.

여러분과 친구 사이에서 공통점을 찾아보세요. 링컨 대통령과 케네디 대통령 못지않은 공통점을 찾을 수 있을 거예요. 공통점이 없다면 오히려 더 이상한 거예요. 그리고 링컨 대통령과 케네디 대통령의 차이점은 훨씬 더 많습니다. 우리가 거기에 주목하지 않았을 뿐이죠.

이 세상에 일어나는 일은 헤아릴 수 없이 많고, 그중에는 당연히 우연의 일치 때문에 일어나는 일도 있기 마련이에요. 사람들은 그런 일에 특별한

의미를 부여해요. 하지만 우연의 일치는 확률로 설명할 수 있는 일일 뿐이에요. 누군가 우연의 일치를 대단하게 생각한다면 이렇게 말하면 돼요.
 "우연은 우연일 뿐, 오해하지 말자."

4

때문에
때문에 때문에

미역국을 먹으면 진짜 시험을 망칠까?

우리는 생일에 왜 미역국을 먹을까요? 내 생일은 어머니가 나를 낳으신 날이기도 하죠. 우리나라는 예로부터 아이를 낳고 미역국을 먹는 풍습이 있답니다. 미역은 칼슘과 요오드가 풍부해 뼈를 튼튼하게 만들어서 산모에게 좋다고 합니다. 우리와 같은 젖먹이 동물인 고래도 새끼를 낳고 미역을 먹어요.

물론 미역국은 생일이 아닌 날에도 흔히 먹습니다. 그런데 시험 보는 날만은 잘 먹지 않죠. 미역국을 먹으면 시험에서 미끄러질까 봐 꺼리는 거예요. 우리나라에서 "미역국을 먹었다."는 말은 시험에 떨어졌다거나 무슨 일에 실패했다는 의미로 쓰여요.

아이를 낳고 미역국을 먹는 것은 합리적이고 과학적인 근거가 있어요. 미역의 성분 때문에 산모의 건강이 좋아진다고 하니까요. 이와 달리 시험 날 미역국을 안 먹는 것은 과학적인 근거가 없어 보여요.

미역은 미끄러우니까 미역국을 먹으면 시험에서도 미끄러질까요? 사실 미역이 미끄럽기만 한 것도 아닙니다. 미역의 섬유질에는 끈적끈적한 성분이 있어 오히려 바위에 잘 달라붙기도 하니까요. 미역국을 먹으면 시험에 떨어진다는 것은 아무런 근거가 없는 미신이에요. 그런데 왜 사람들은 여전히 시험 날이면 미역국을 안 먹으려 할까요?

거꾸로 시험에 잘 붙기 위해 엿을 먹는 것도 마찬가지입니다. 시험에 '붙는다.'와 엿이 '붙는다.'가 같은 데서 생긴 미신이죠. 요즘은 시험 볼 때 잘 찍으라고 포크를 선물하거나 잘 풀라고 화장지를 주기도 해요.

미신 중에서 어떤 일을 하면 꼭 재수가 없다고 생각하는 것을 징크스라고 해요. 흔히 그런

67

일을 하면 "재수가 없다.", "운수가 나쁘다."라고 말하죠. 미역국을 먹으면 시험에 떨어진다고 생각하는 것도 징크스예요.

> **징크스**
> 어떤 사물이나 현상 또는 사람을 보고 관계를 지어 불길한 생각을 먼저 가지는 현상을 말해요.

우리나라를 포함한 한자 문화권에서는 죽을 사(死)와 소리가 같다는 이유로 숫자 4를 기피하는 징크스가 있습니다. 오래전에 지은 아파트에는 4로 끝나는 동이나 404호가 아예 없거나 엘리베이터에서 4층을 나타낼 때 4 대신 F를 쓰기도 했죠. 지금은 이런 경우가 드물지만요.

반면에 서양 사람들은 13이라는 숫자를 싫어해요. 13일의 금요일은 특

히 더 꺼리는데, 예수가 죽은 날이 금요일이고 예수가 죽기 전 최후의 만찬 때 모인 사람이 13명이라서 그렇다고 해요.

우리나라에 더 널리 퍼져 있던 징크스는 손 없는 날이에요. '손'은 날짜에 따라 사람의 일을 방해하는 귀신을 말한답니다. 손 없는 날은 그런 귀신이 없는 날이고 손 있는 날은 귀신이 있는 날이에요. 주로 집수리를 하거나 장을 담그거나 먼 길을 떠날 때 손 없는 날을 골랐죠. 물론 요즘은 이 징크스를 믿는 사람이 거의 없어요.

하지만 아직도 이사할 때 손 없는 날을 고집하는 어른들이 있죠. 그래서 음력으로 9와 10으로 끝나는 날에는 이삿짐센터의 요금이 다른 날보다 비싸답니다.

어떤 집단이 함께 가지고 있는 징크스도 있지만 개인이 저마다 가지고 있는 징크스도 있어요. 예를 들어 어떤 운동선수는 수염을 깎고 경기를 하면 꼭 진다고 생각하고, 어떤 운동 팀의 팬은 자기가 경기를 직접 보러 가면 응원하는 팀이 꼭 진다고 생각해요.

까마귀 날자 배 떨어지는 징크스

사람들은 왜 징크스를 가지게 되었을까요? 징크스는 아무런 이유 없이

생기는 것이 아니에요. 과거에 어떤 일이 일어났을 때 그 결과로 나쁜 일이나 재수 없는 일을 몇 번 겪었기 때문에 징크스를 가지게 된 거예요.

예를 들어 수염을 깎고 경기를 했는데 한두 번 지게 되면 "수염을 깎으면 꼭 진다."라는 징크스가 생기는 것이죠. 전에도 그런 일이 일어났으니 다음에도 그런 일이 생길 거라고 믿는 것은 자연스럽고 합리적인 태도일까요?

"까마귀 날자 배 떨어진다."라는 속담이 있어요. 까마귀가 날아가자 배가 떨어진 것은 단지 우연의 일치로 함께 일어난 일일 뿐이에요.

누군가가 까마귀가 나는 일과 배가 떨어진 일 사이에 관계가 있다고 생각해서 배를 먹으려고 억지로 까마귀를 날아가게 한다고 해 봐요. 여러분은 그 사람의 바보 같은 행동을 비웃겠죠. 까마귀가 날아간 일과 배가 떨어진 일 사이에 아무런 관계가 없다는 사실을 잘 알고 있기 때문이에요.

저는 어떤 점심 모임이 끝난 후 위로는 토하고 밑으로는 설사하는 괴로운 경험을 한 적이 있어요. 무엇을 잘못 먹었을까 생각해 봤더니 모임에서 먹은 회덮밥 때문인 것 같았어요. 그 모임에 참석한 다른 사람들에게 물었더니 모두 똑같은 증상으로 고생했다고 하더라고요.

이제 저는 "점심 때 먹은 회덮밥 '때문에' 탈이 났다."라고 말하겠죠. 점심때 회덮밥을 먹었다는 것이 원인이고 탈이 났다는 것이 결과입니다. '때문에'의 앞에 나오는 것이 원인이고 뒤에 나오는 것이 결과이죠.

그리고 그 원인과 결과 관계는 나 혼자에게만 나타나는 것이 아니라 다른 사람에게도 나타나야 해요. 똑같이 회덮밥을 먹은 다른 사람들은 아무 이상이 없는데 나만 탈이 났다면 "회덮밥 때문에 탈이 났다."라고 말할 수 없고 다른 데서 원인을 찾아야 하는 거예요.

이처럼 어떤 원인이 있으면 결과가 일어나는 관계를 인과 관계라고 부릅니다. 원인과 결과를 줄여서 인과라고 부르는 거죠.

믿을 만한 과학적 지식은 인과 관계를 제대로 설명해요. 원인이 생기면 결과가 언제나 생기고, 거꾸로 원인이 없으면 결과가 일어나지 않는다고 말이에요. "까마귀 날자 배 떨어진다."가 인과 관계인지 확인하기 위해서는 다음 네 가지 경우를 조사해 봐야 해요.

1. 까마귀가 날았더니 배가 떨어진다.
2. 까마귀가 날았는데도 배가 떨어지지 않는다.
3. 까마귀가 안 날았는데도 배가 떨어진다.
4. 까마귀가 안 날았더니 배가 안 떨어진다.

이때 1번과 4번의 경우가 2번과 3번의 경우보다 월등히 많아야 해요. 1번과 4번의 경우가 어쩌다 일어난 것을 가지고 "까마귀 날자 배 떨어진다."라는 인과 관계가 성립한다고 말할 수 없어요. 다음에 까마귀가 난다고 해서 배가 또 떨어진다는 보장이 없는 것이죠.

미신이나 징크스도 마찬가지예요. 미신이나 징크스의 원인과 결과에 해당하는 것을 위와 같은 방법을 거쳐 확인해야 해요. 그러지 않고 한두 번

안 좋은 일이 어쩌다 생겼다고 해서 징크스를 믿어 버리는 사람은 까마귀가 날면 배가 떨어진다고 생각하는 사람과 다름없죠. 여러분은 이제 누가 시험 보는 날 미역국을 먹어서 시험을 망쳤다고 하면 이렇게 말하면 돼요. "까마귀 날자 배 떨어진 격이지."

초능력의 수수께끼

사람들은 대부분 보고 듣고 만지고 냄새 맡고 맛보는 다섯 가지 감각을 통해서 세상을 경험해요. 그리고 물리학의 법칙에 맞게 세상을 살아가요. 초능력은 이 다섯 가지 감각과 물리학의 법칙을 넘어서는 능력을 말해요.

물건에 손을 대지 않고 생각만으로 움직이게 하는 능력인 염력, 아주 멀리 있거나 가려진 것을 꿰뚫어 볼 수 있는 능력인 투시력, 멀리 있는 사람과 생각이 통하는 능력인 텔레파시, 미래에 일어날 일을 예측할 수 있는 예지력 등을 초능력이라고 해요. 우리에게 그런 능력이 있으면 신나겠죠? 뭐든지 내 마음대로 할 수 있을 테니까요.

자신에게 실제로 초능력이 있다고 주장하는 사람들이 있어요. 예를 들어 주문을 외우면 공중에 떠서 멈춰 있을 수 있다고 말하죠. 이것을 공중 부양이라고 합니다. 주문과 공중 부양 사이에 인과 관계가 있다고 주장하는 셈이에요.

이 주장은 '모든 것은 땅으로 떨어진다.'는 중력의 법칙에 어긋나요. 이런 초능력이 진짜인지 검사하는 방법은 간단합니다. 여러 번에 걸쳐 관찰과 실험을 하면 돼요.

초능력을 발휘할 사람이 준비한 무대가 아니라 속임수가 없다는 사실을 확인한 무대에서 여러 사람이 지켜보는 가운데 주문을 외우게 해요. 그때도 공중에 뜨는지 살펴보는 거죠. 물론 지금까지 그런 관찰과 실험을 통과한 사람은 없어요.

유리 겔러라는 사람의 이야기를 들어 보았나요? 이스라엘 출신의 겔러는 자신이 초능력자라고 주장했어요. 겔러가 주장하는 초능력은 여러 가지인데 그중 대표적인 것은 염력으로 숟가락 구부리기예요.

제가 어렸을 때 유리 겔러가 우리나라 텔레비전 쇼에 나와 초능력으로 숟가락 구부리기를 보여 주었어요. 다음 날 친구들이 다들 학교에 숟가락을 들고 와서 따라  했던 기억이 나네요. 모두 온 힘을 다해 노려보았지만 숟가락은 꼼짝도 하지 않았죠.

만약 초능력 때문에 숟가락이 구부러졌다면 초능력이라는 원인이 있을 때 숟가락이 구부러진다는 결과가 반복해서 여러 번 일어나야 해요. 또 자기가 가져온 숟가락뿐만 아니라 다른 사람이 가진 숟가락도 구부릴 수 있어야 하죠.

유리 겔러는 어떤 텔레비전 쇼에서 공개적으로 실험하다가 그만 숟가락을 구부리지 못하는 굴욕을 당하고 말았어요. 그가 그동안 보여 주었던 초능력은 모두 사기였던 거예요.

마술사와 초능력자의 다른 점은 알고 있죠? 마술사는 처음부터 자신의 마술이 속임수라는 것을 인정한답니다.

5

미래를
예언할 수 있다면

동쪽으로 가면 귀인을 만날 거예요

미래를 예측한다고 말하는 사람이 있어요. 점쟁이라고 하죠. 사람들은 점쟁이를 찾아가 점을 치거나 신문이나 인터넷에서 오늘의 운세를 찾아봅니다. 여러분은 별자리 운세나 타로 점을 좋아하나요? 이것들은 서양의 점입니다.

점괘나 운세가 어느 정도 앞날을 맞힌다고 생각하는 사람들이 많아요. 과학적인 지식은 예측을 잘해요. 그렇다면 동양의 점이든 서양의 점이든 미래를 잘 맞추면 믿을 만한 지식이 아닐까요?

물론 점도 예측에 성공한다면 믿을 만한 지식이 돼요. 그러나 점쟁이가 미래를 잘 맞히면 로또를 사거나 주식에 투자해서 돈을 벌면 되지, 왜 남의 미래나 예측하고 있겠어요? "점쟁이는 저 죽을 날짜도 모른다."라는 속담이 있답니다. "무당이 제 굿 못한다."도 비슷한 속담이죠. 이 속담들은 남의 미래를 점쳐 준다는 점쟁이가 자기 미래도 예측하지 못하는 걸 꼬집는 말이죠.

점쟁이들도 할 말이 없는 것은 아니에요. 자기 미래를 스스로 점치면 욕심이 끼어들어 점이 제대로 안 맞는다나요? 다 둘러대는 말이죠. 남의 미래라도 예측하면 좋을 텐데 점쟁이 말을 듣고 복권에 당첨됐다거나 주식에 투자해서 돈을 벌었다는 말은 못 들어 봤어요.

왜 사람들은 점이나 오늘의 운세를 믿을까요? 점쟁이가 하는 말이나 오늘의 운세가 이렇게 해석해도 맞고 저렇게 해석해도 맞도록 알쏭달쏭하기 때문이에요.

점쟁이는 어떤 번호의 로또를 사면 당첨될 것이라고 구체적으로 말하지 않아요. 그러면 당첨될지 안 될지 분명히 드러나기 때문이죠. 대신에 아주 알쏭달쏭하게 말합니다. 예를 들어 "동쪽으로 가면 귀인(귀한 사람)을 만날 것이다."라고요.

어디가 동쪽일까요? 누가 귀인이죠? 사실 우리는 매일 동서남북 어디든 안 가는 곳이 없어요. 집 근처에서 학교 친구를 만났어요. 이게 동쪽에서

　귀인을 만난 건가요? 강릉 정동진에 가서 아이돌 스타 정도는 만나야 동쪽에서 귀인을 만났다고 할 수 있는 것 아닌가요? 점쟁이의 예측이 맞나 틀리나 확인할 방법이 없죠.

　오늘의 운세도 마찬가지예요. 양띠인 제 운세를 검색하니 "능력을 유감없이 발휘하면 좋다."라고 나오네요. 능력을 유감없이 발휘하면 당연히 좋은 거 아닌가요? 오늘 일이 잘된 건 운세 덕분이 아니라 내가 열심히 일한 덕분이죠. 하나 마나 한 소리예요.

　합리적이고 과학적인 지식은 이처럼 알쏭달쏭해서는 안 돼요. 예를 들어 "키가 175센티미터 이상인 사람은 모여라."라는 말을 듣는다면 내가 거기에 가야 하는지 아닌지 분명히 알 수 있어요. 내 키가 175센티미터보다 크면 가고 그보다 작으면 안 가면 되니까요.

　그냥 "키가 큰 사람은 모여라."라고 한다고 해 봐요. 175센티미터인 사람은 가야 할까요, 말아야 할까요? 180센티미터는 되어야 키가 큰 걸까요? 정말 알쏭달쏭하죠.

과학에서는 이런 알쏭달쏭한 개념을 절대 쓰지 않습니다. 예를 들어 실험 시간에 선생님이 "물을 적당히 덥혀라."라고 말한다고 해 봐요. 도대체 어느 정도 온도가 적당할까요? 세상에 '적당하다.'라는 말만큼 어려운 말이 없어요. "물을 뜨겁게 덥혀라." 라고 말해도 마찬가지예요. 몇 도가 되어야 뜨거울까요? 과학에서는 "섭씨 70도가 될 때까지 가열하라."처럼 분명하게 말해요. 그래서 과학적 지식은 믿을 만한 지식이 될 수 있죠.

하늘에서 공포의 왕이 내려온다고?

서양에서 우리나라의 점쟁이와 같은 사람을 점성술사나 심령술사라고 부른답니다. 서양 역사에서 가장 유명한 심령술사는 노스트라다무스입니다. 16세기 프랑스 사람인데 자신이 쓴 시에서 세계사의 굵직굵직한 사건들, 1666년의 런던 대화재나 나폴레옹과 히틀러의 등장 등을 예언했다고 알려져 있어요.

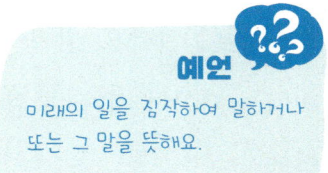
예언
미래의 일을 짐작하여 말하거나 또는 그 말을 뜻해요.

또 자동차, 로켓, 잠수함, 비행기가 발명될 것도 맞혔다고 해요. 심지어 2001년 미국의 9·11 테러도 예언했다고 합니다. 노스트라다무스가 9·11 테러를 예언했다는 시를 볼까요?

"1999년 일곱 번째 달, 하늘에서 저 위대한 공포의 왕이 내려올 것이니. 45도에서 하늘이 불타오르고, 불꽃이 거대한 신도시를 삼키리라."

이 시에서 9·11 테러 사실과 비슷한 내용은 도시에서 불꽃이 일어난다는 것밖에 없어요. 역사적으로 큰불이 난 도시가 9·11 테러 당시의 뉴욕밖에 없나요? 2차 세계대전 때 독일군의 공습을 받아 불이 난 영국의 런던이나 원자 폭탄으로 불이 난 일본의 히로시마 등 한두 군데가 아니죠.

게다가 1999년이라는 연도도 다릅니다. 예전에는 이 시를 1999년에 지구의 종말이 온다는 예언으로 믿는 사람들이 많았어요. 그 예언은 보기 좋게 틀렸죠. 1999를 9·11로 해석하는 사람들은 미국식으로 테러 날짜를 적으면 9.11.01이 되고, 여기서 0을 빼고 숫자를 모으면 9111이 되는데 이것이 바로 1999라고 주장해요. 이 정도면 그야말로 억지입니다. 이런 태도를 어려운 말로 견강부회(牽强附會)라고 해요. 말이 안 되는 것을 자기에게 유리하도록 끌어 붙인다는 뜻이에요.

　노스트라다무스가 2008년 중국 쓰촨성에서 일어난 대지진이나 2011년 일본에서 일어난 쓰나미를 예언했다는 주장도 나왔어요. 당연히 앞에서처럼 애매모호하기 짝이 없는 시 구절을 억지로 끌어다 붙여서 나온 해석일 뿐이죠.

　예언이나 예측은 어떤 사건이 일어나기 전에 하는 거예요. 사건이 일어난 후에 내 말이 사실은 이 사건을 의미했다고 말하는 건 누구나 할 수 있어요. 그런데도 사람들이 노스트라다무스의 예언이 들어맞는다고 신기해하니까 그런 심리를 이용해 한때 〈노스트라다무스 수능 예언집〉이라는 학습지까지 나왔어요.

우리나라는 땅 이름에 관한 예언이 많은 편이에요. 충청북도 청주시에는 국제공항이 있는데요. 이 동네 이름은 위로 날아간다는 뜻의 비상리(飛上里)라고 하네요. 특히나 그 비상리는 비행기가 뜨는 쪽 동네 이름이고, 비행기가 내리는 쪽 동네 이름은 아래로 날아간다는 비하리(飛下里)랍니다.

정말로 옛날 우리 조상들이 동네 이름을 지으면서 미래에 비행장이 생길 줄 알았을까요? 신기하지만 역시 우연의 일치예요. 온 나라의 수많은 땅 이름 중 우연히 들어맞은 한 군데일 뿐이죠. 게다가 비상리와 비하리에서 날 비(飛) 자는 새가 난다는 뜻이에요. 나는 새를 보고 땅 이름을 지은 곳은 전국에 한두 군데가 아니랍니다. 그런데도 새와 비행기를 연관시키다니 억지이죠.

그런 식으로 하면 공항이 있는 강원도 양양군의 학포리나 전라남도 무안군의 망운면도 기가 막힌 예언으로 지은 이름일 거예요. 학포리는 학이 사는 포구라는 뜻이고 망운면은 구름을 바라보는 동네라는 뜻이거든요. 알쏭달쏭한 예언이나 애매모호한 지명을 자신의 주장에

맞게 억지로 해석해서는 안 되겠죠. 그런 말에 솔깃해서 큰돈을 내고 땅을 사는 사람들도 있답니다. 당연히 큰 손해를 볼 수밖에요. 사람들에겐 본래 앞으로 무슨 일이 일어날지 알고 싶어 하는 마음이 있습니다. 불확실한 상황을 두려워하기 때문이에요. 항상 미래에 어떤 일이 일어날까 궁금해하고 걱정하죠. 하지만 미래에 대한 막연한 두려움과 호기심에 빠져 점이나 운세에 매달리면 정말로 자신의 미래를 알 수 없게 돼요. 점이나 예언에 시간과 돈을 쓰다가는 소중한 인생을 낭비하게 되니까요.

옛사람들은 우리가 생각하는 것과 달리 합리적인 생각을 했어요. 점이나 예언 같은 미신들을 혹세무민(惑世誣民)이라고 하며, 세상을 어지럽히고 사람들을 속이는 행위라고 멀리했거든요. 그때보다 훨씬 더 과학이 발전한 오늘날 우리가 점이나 예언에 빠지면 안 되겠죠?

혈액형으로 성격을 맞힐 수 있을까?

만약 관상을 봐서 직원을 채용하거나 점을 쳐서 나라의 정책을 결정한다면 어떨까요? 말도 안 되죠. 그런데 점이나 예언을 믿으면 비웃는 사람도 혈액형 이야기는 믿고 따르는 경우가 많아요. 혈액형은 과학적 지식이 아닌데 말이에요.

관상
운명 따위와 관련되어 있다고 믿는 사람의 얼굴 생김새를 말해요.

"성격이 쿨하시네요, AB형이시죠?"라는 식으로요. 저에게 이런 질문을 하는 사람들이 가끔 있습니다. 저는 AB형이 아니에요! 쿨하지도 않고요. 혈액형과 성격이 관련 있다고 생각해서 혈액형에 따라 성격을 파악하는

것을 혈액형 심리학이라고 부르기까지 해요. 심리학이라고 하니 왠지 굉장히 중요하게 느껴지죠.

심지어 혈액형을 가지고 성격만 파악하는 데 그치지 않아요. 혈액형에 따른 다이어트법, 혈액형에 따른 공부법까지 등장합니다. 사람을 사귈 때 혈액형을 묻거나 먼저 자신의 혈액형을 소개하는 사람을 쉽게 볼 수 있어요. 뿐만 아니라 사람들은 만화나 게임 속 주인공에게도 혈액형을 만들어 줍니다.

혈액형에 따라 사람들의 성격을 나누는 것은 정말로 과학적인 근거가 있을까요? 믿을 만한 지식일까요? 2017년 조사 결과 한국인의 58%가 혈액형별로 성격 차이가 있다고 믿는 것으로 나타났어요. 흔히 이야기하는 혈액형별 성격을 정리하면 다음과 같아요.

A형   부드럽고 온화한 인상을 준다. 매우 꼼꼼하고 성실하다. 소심하다.
B형   재미있고 호감을 준다. 호기심이 많고 자기주장이 강하다.
O형   느긋해 보이고 사람 좋다는 말을 많이 듣는다. 활달하고 적극적이다.
AB형 친절하고도 냉철하다. 합리적이고 개인주의적이다.

이런 이야기를 재미로 흘려듣는 사람도 있지만 사실로 굳게 믿는 사람들도 많아요. 그런 사람들은 '나는 A형이라 소심해서 어쩔 수 없어.' 하고

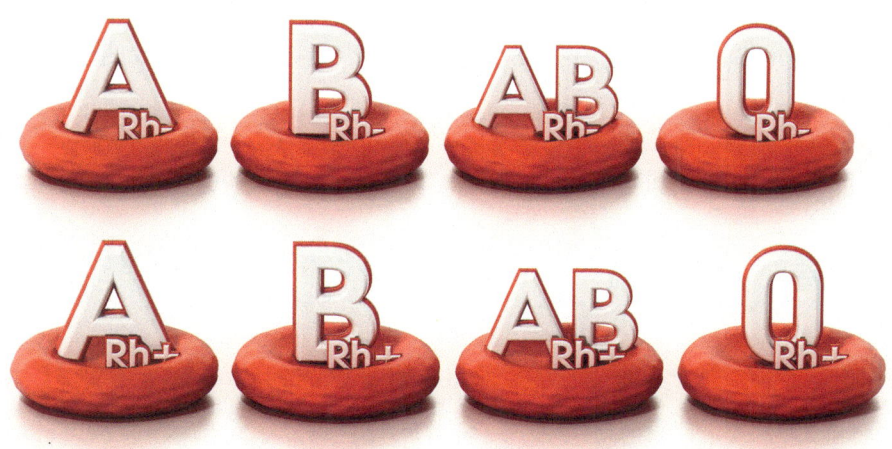

혈액형으로 자신의 성격을 정해 버려요. '쟤는 B형이라 이기적이야.' 하고 상대방의 성격도 마음대로 판단해 버리죠.

혈액형 심리학 말고 혈액형 자체는 과학이 분명합니다. 피가 덩어리지는 현상을 응집 반응이라고 하는데, 이 반응에 따라 A형, B형, O형, AB형으로 나누죠. 혈액형 분류 방식은 1901년에 오스트리아 출신의 미국 의학자인 카를 란트슈타이너가 만들었어요. 그는 이 공로로 1930년에 노벨 의학상을 받았죠.

란트슈타이너는 혈액의 종류에 따라 일정한 인과 관계가 성립한다는 사실을 수많은 관찰과 실험을 통해 확인했어요. 예컨대 A형은 B형이나 AB형 혈액과 만났을 때 응집 반응이 일어날 것이라고 예측하면, 그 예측은 매번

성공하죠. 그러니까 혈액형에 관한 지식은 엄연히 과학적 지식이에요.

혈액형 심리학은 어떤가요? 우선 과학적인 관찰과 실험이 이루어진 적이 없어요. 혈액형 심리학은 세계에서 주로 우리나라와 일본에서만 관심을 보여요. 1970년대에 일본 작가 노미 마사히코가 『혈액형 인간학』 등의 책을 통해 혈액형과 성격 사이에 관계가 있다고 주장한 후부터 혈액형 심리학이 유행했어요. 마사히코는 후루카와 다케지라는 교수가 쓴 「혈액형에 따른 기질 연구」라는 글을 참고했는데, 이 글은 고작 주변 사람 319명을 조사해서 쓴 것이라고 해요. 당연히 그 이론이 잘 맞는지 예측을 한 적도 없고요.

어떤 새로운 이론이 합리적이고 과학적인 지식이 되려면 전문가들의 확

인 과정이 필요해요. 혈액형을 믿는 사람끼리 모여서 "그래, 맞아." 하고 백날 맞장구를 쳐 봐야 아무런 소용이 없죠. 현대에는 과학자들의 연구 모임이 많고 논문을 발표하는 학술지도 많아요. 혈액형 심리학이 정식 과학이 되려면 연구 모임이나 학술지에 발표해서 이미 인정받은 과학적 지식과 일치하는지 확인받아야 해요. 그러나 지금까지 정식으로 발표된 혈액형 심리학 연구 결과는 단 하나도 없답니다.

귀에 걸면 귀걸이, 코에 걸면 코걸이

과학적이지 못한 게 분명한데도 여전히 혈액형 이야기를 믿는 사람들이 있어요. 아무리 사실을 알려줘도 A형은 어떻고 B형은 어떻다고 주장합니다. 도무지 말이 통하지 않는 사람들이에요. 당신의 행동은 비과학적이라고 근거를 들어 설명하는데 변함없이 "우가우가!" 하면서 똑같은 행동을 반복하는 원시인과 다를 바가 없어요.

오래전 우리나라 지방의 한 은행에서 새로운 직원을 뽑기 위해 신문에 냈던 광고를 볼까요?

"혈액형이 O형과 B형이신 분만 지원해 주세요. 다른 혈액형은 지원하지 마시길 바랍니다. 다른 혈액형은 추진력이 없어요."

　혈액형 때문에 직장에 원서조차 낼 수 없다니, 이런 말을 듣고도 계속 재미 삼아 혈액형 이야기를 할 수 있을까요? 혈액형에 따른 성격을 믿는 사람들이 많으면 많을수록 이런 일은 더 자주 일어날 거예요. 바로 나도 억울한 피해자가 될 수 있어요. 사람들의 거센 항의로 광고는 금방 취소되었지만, 혈액형 이야기를 무턱대고 믿는 것이 얼마나 위험한 일인지 잘 보여 주는 사례죠.

　왜 많은 사람이 혈액형 이야기를 덮어놓고 믿을까요? 바로 혈액형 이야기가 정말로 잘 들어맞는다고 느끼기 때문이에요. 왜 잘 들어맞을까요? 혈액형 이야기가 과학이라서가 아니라 성격을 표현하는 말이 애매모호하고 알쏭달쏭해서예요.

　예를 들어 A형은 소심하다고 말하죠. 혈액형이 정말로 성격과 관련이 있다면 어떤 경우에 어떤 행동이 소심한지 분명하게 말할 수 있어야 해요. 예를 들어 내가 길을 가는데 한 할머니가 껌 한 통만 사 달라고 부탁합니다. 나는 모른 척하고 그냥 지나쳐요. 그렇다면 이 행동은 소심한 걸까요, 소심하지 않은 것일까요?

답은 '소심하기도 하고 소심하지 않기도 하다.'입니다. 껌을 사 주고 싶은데 누가 보면 잘난 척한다고 놀릴까 봐 그냥 지나쳤다고 보면 소심한 것이 맞죠. 하지만 그 정도 불쌍한 사람은 모른 척해도 된다고 생각해서 대범하게 지나쳤다고 보면 안 소심한 거예요. 똑같은 행동이 소심하기도 하고 안 소심하기도 합니다.

누군가가 화를 잘 낸다고 해 봐요. 그 사람의 혈액형은 무엇일까요? 소심해서 화를 낸다고 보면 A형이고, 자기주장이 강해서 화를 낸다고 보면

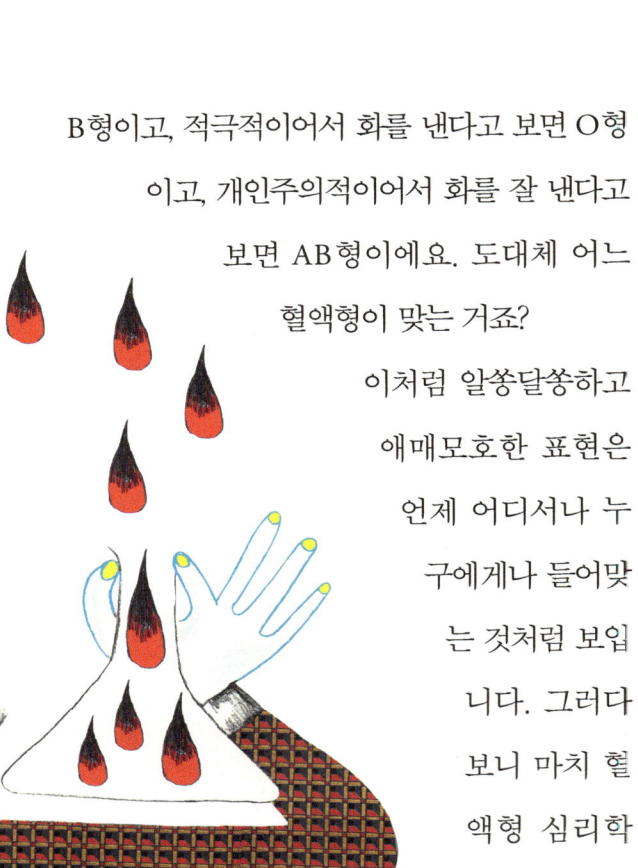

B형이고, 적극적이어서 화를 낸다고 보면 O형이고, 개인주의적이어서 화를 잘 낸다고 보면 AB형이에요. 도대체 어느 혈액형이 맞는 거죠?

이처럼 알쏭달쏭하고 애매모호한 표현은 언제 어디서나 누구에게나 들어맞는 것처럼 보입니다. 그러다 보니 마치 혈액형 심리학이 맞는 이론처럼 보이죠.

혈액형 과학을 보세요. 무슨 혈액형인지 검사할 때 A형인지 B형인지 알쏭달쏭한가요? 만약 그래서 혈액형을 잘못 판단한다면 수혈할 때 정말 큰일이 납니다. 과학 지식에는 애매모호함이 없죠. 게다가 혈액형에 따른 성격은 대놓고 어떤 사람에게나 들어맞는 표현을 써요. '소심하지만 의외로 적극적인 면도 있다.'거나 '마음이 따뜻하지만 가끔 차가울 때도 있다.'처럼요. 세상에 안 그런 사람이 어디 있나요? 이러니 혈액형 심리학은 하나 마나 한 소리이고, 과학이 되지 못하는 거예요. 누가 혈액형이 성격을 잘 드러낸다고 주장하면 이렇게 말해 주세요.

"귀에 걸면 귀걸이, 코에 걸면 코걸이니까 그렇지."

왜 타로 점이나 별자리 운세는 잘 맞을까요?

많은 사람이 타로 점이나 사주를 봐 주는 점쟁이가 잘 맞힌다고 생각해요. 하지만 점쟁이들은 상대방의 신체 언어, 패션, 헤어 스타일, 성별, 종교, 말하는 방식 등을 주의 깊게 분석해서 속마음을 알아맞혀요. 이러한 기술을 '콜드리딩'이라고 해요.

"조금 게으른 면도 있지만 좋아하는 일에는 집중한다." 같은 말은 애매모호해서 어떤 사람에게나 적용돼요. 그런데도 이런 말이 자신에게만 해당된다고 생각하는 사람들이 있어요. 이런 현상을 심리학에서는 '바넘 효과'라고 합니다.

19세기 미국의 서커스 흥행업자 바넘은 서커스 도중에 아무 관객이나 나오라고 해서 그 사람의 성격을 맞혔다고 해요. 바넘은 2017년에 나온 영화 <위대한 쇼맨>의 주인공으로도 잘 알려져 있죠. 바넘 효과는 이 사람의 이름에서 유래했어요.

심리학자 버트럼 포러는 바넘 효과라는 말을 만든 사람이에요. 포러는 대학생을 대상으로 똑같은 성격 검사 결과지를 나누어 주고 얼마나 자신의 성격과 일치하는지 평가하게 했어요. "당신은 자기 비판적인 경향이 있습니다." "당신의 목표 가운데 몇 가지는 비현실적입니다." 같은 말이 결과지에 있었어요. 많은 사람이 검사 결과가 자신의 성격을 아주 잘 묘사했다고 평가했답니다.

어때요? 이제 여러분은 타로 점이나 별자리 운세가 나쁘게 나와도 아무렇지도 않겠죠?

4시 44분, 편견을 뒤집는 시간

어떤 하루

용철이는 새로 다니게 된 수학 학원에 왔어요. 교실에는 남학생보다 여학생이 더 많아요. 용철이는 여자가 남자보다 수학을 못한다는 말이 맞는다고 생각해요. 여자아이들이 수다 떠는 소리에 교실 안이 너무 시끄럽네요. 용철이는 역시 여자들은 말이 많다고 중얼거려요.

용철이는 옆에 앉은 한솔이에게 어제 텔레비전에서 미국 프로 농구 게임을 봤냐며, 역시 흑인은 농구를 잘한다고 말했어요. 그러자 한솔이는 흑인은 머리가 나빠서 농구나 하는 거라고 입을 삐쭉거리네요. 용철이가 농구는 머리가 나쁘면 절대 할 수 없는 운동이라고 말해도 한솔이는 끝까지 운동하는 사람들은 머리가 나쁘다고 우겼어요. 용철이는 어른들이 곱슬머리인 사람은 고집이 세다고 하더니 그 말이 맞구나 하는 생각이 들어요. 한솔이는 곱슬머리거든요.

수학 학원을 마치고 영어 학원에 가는데 외국인 몇 명이 지나가요. 영어 학원 선생님들은 모두 백인인데, 저 외국인들은 얼굴이 까무잡잡한 것을 보니 동남아시아에서 온 노동자들인가 봐요. 용철이는 아빠가 동남아시아 사람들은 게으르다고 말한 것을 떠올렸어요. 앞을 가로막고 느릿느릿 걷는 게 그 말이 맞나 봐요. 용철이는 이 사람들이 아마 이슬람 종교를 믿는 사람일지도 모른다고 생각했어요. 얼마 전 뉴스에서 이슬람교도들이 테러를 저지르는 장면을 보았던 게 떠올랐어요. 용철이는 그 외국인들을 멀찌감치 피해서 갔죠.

오늘 하루 용철이와 한솔이가 떠올린 여러 가지 생각을 한번 정리해 볼까요?

여자는 수학을 못한다.

여자는 말이 많다.

흑인은 농구를 잘한다.

흑인은 머리가 나쁘다.

머리가 나쁜 사람이 운동을 한다.

곱슬머리인 사람은 고집이 세다.

영어 학원 선생님은 모두 백인이다.

까무잡잡한 외국인은 동남아시아 사람이다.

동남아시아 사람은 게으르다.

이슬람교도는 테러리스트이다.

이런 생각들이 다 맞는 걸까요? 확실히 모르겠지만 아주 근거가 없는 이야기는 아닌 것 같기도 하죠? 그러니까 한솔이 같은 친구가 박박 우기기도 하고, 어른들이 입만 열면 이런 말을 하는 게 아닐까요?

어떤 생각이 합리적이고 과학적인지 알려면 관찰과 실험을 해 보면 됩니다. 먼저 여자가 말이 많다는 생각을 볼까요? 검사하는 방법은 간단해요. 우선 우연의 일치가 아닌지 살펴보세요. 여자인데 우연히 말이 많은 사람일 수도 있으니까요. 우연의 일치인지 아닌지 확인하려면 여자이기 '때문에' 말이 많은지를 조사하면 됩니다.

여자는 말이 많다고?

여자가 남자보다 정말로 말이 많은지 관찰해 볼까요? 단, 주변에 있는 몇 명의 여자만 조사하면 안 돼요. 수백 명에서 수천 명의 여자를 조사해야 하죠. 그렇지만 이게 말처럼 간단하지 않아요. '말이 많다는 것'은 분명하지 않고 알쏭달쏭한 표현이거든요.

어떤 사람이 말이 많은 사람일까요? 하루에 말하는 단어 수를 세야 하나요? 하루에 말하는 시간을 재야 하나요? 하루에 만나서 말하는 사람 수를 세야 하나요? 기준이 두루뭉술해서는 안 돼요. 어떤 기준을 통과해야 말이 많다는 것인지 분명하게 정해야 합니다.

> **두루뭉술하다**
> 말이나 행동 등이 분명하지 않은 것을 말해요.

어쨌든 그 기준을 명확히 정했다고 해 봐요. 그럼 아까 말한 것처럼 수백, 수천 명의 여자를 대상으로 기준에 맞는지 조사하면 되겠죠. 참, 서로 비교하기 위해 남자도 조사해야 합니다. 여자든 남자든 똑같이 말이 많을 수 있으니까요.

그런데 아무도 이런 관찰과 실험을 한 적이 없어요. 다시 말해 여자가 말이 많다는 믿음은 근거가 없죠. 그런데도 많은 사람이 여자는 말이 많다고 생각해요. 근거가 없는데 믿는 것을 '편견'이라고 해요. 편견은 공정하지 못하게 한쪽으로 치우쳐 있는 생각을 말해요. 이미 머릿속에 단단히 새

겨져 잘 변하지 않는 생각이라서 선입견 또는 고정 관념이라고도 부르죠. 편견이 문제가 되는 이유는 확실한 근거가 없으면서 자기 생각이 옳다고 믿기 때문이에요.

하지만 용철이는 아직도 여자가 말이 많다는 건 편견이 아니라고 주장해요. 자기가 아는 여자들은 전부 말이 많다는 거예요. 어떤 생각이 맞는지 틀리는지 확인할 때 주변의 몇 사람만 조사하면 안 된다고 했더니 이렇게 말하네요. 내가 아는 여자뿐만 아니라 새롭게 알게 된 여자도 모두 말이 많다고요. 버스나 지하철에서 본 모르는 여자들도 말이 많다는 겁니다. 정말 그럴까요?

용철이는 평소 주변에서 많은 여자를 봤을 거예요. 학교에서 함께 어울리는 여자 친구들도 있고, 길거리나 버스에서 마주친 모르는 여자들도 있을 테니까요. 그 수는 모르긴 몰라도 수백 명이 넘을 거예요. 그러면 많은 관찰과 실험을 거친 게 아닐까요? 결론을 말하면 그렇지 않습니다. 수백

명을 관찰했을지 모르지만, 말이 많은 여자만 관찰했기 때문이에요.

옆에 오리-토끼 그림을 보세요. 오리가 보이나요, 토끼가 보이나요? 오리라고 생각하면 오리로 보이고, 토끼라고 생각하면 토끼로 보일 거예요. 정상적인 시각을 가진 사람이라면 누구나 똑같은 것을 관찰한다고 생각하겠지만 그렇지 않죠? 우리가 어떤 관심과 믿음, 지식을 가지고 있느냐에 따라 다른 것이 보이거든요.

야구 경기에서도 어느 편을 응원하느냐에 따라 다른 것이 보여요. 혹시 투수가 던진 똑같은 공인데도 공격 팀을 응원할 때는 볼로 보이고 수비 팀을 응원할 때는 스트라이크로 보인 경험은 없었나요? 사람들이 편견에 빠지는 이유가 바로 여기에 있답니다.

용철이의 마음속에 어떻게 편견이 생겨났을까요? 먼저 누군가에게 곱슬머리인 사람은 고집이 세다는 말을 듣습니다. 듣고 보니 친구 한솔이가 고집이 센데 곱슬머리예요. 그 말이 딱 맞는다고 생각하죠. 다른 친구 지원이도 곱슬머리지만 전혀 고집이 세지 않습니다. 그렇다면 곱슬머리인 사람은 고집이 세다는 말이 틀렸다고 의심해야 하는데, 그냥 넘어가 버리죠.

물이 섭씨 100도에서 끓는지 관찰해 보세요. 섭씨 100도가 됐는데 끓는 경우만 기록하고 끓지 않는 경우는 무시한다면 과학자의 자세가 아니겠죠? 자신에게 유리하든 불리하든 있는 그대로 기록해서 자기 생각이 맞나 틀리나 검사해야 돼요. 과학적인 지식은 이런 과정을 거쳐서 생겨요.

편견은 자신의 주변에서 관찰된 몇 가지 사례를 바탕으로 시작돼요. 그다음에는 자신이 가진 편견에 유리한 사례만 눈에 들어와요. 불리한 사례는 아예 눈에 들어오지도 않죠. 사람들에게는 누구나 자기가 보고 싶은 것만 보고 믿고 싶은 것만 믿는 성향이 있기 때문이에요. 본능적으로 무엇이든지 자신에게 유리한 쪽으로 해석하는 거죠.

용철이의 편견도 그런 식으로 생기고 그런 식으로 굳어졌어요. 수많은 동남아시아 사람 중에 게으른 사람이 왜 없겠어요? 바로 그 게으른 사람을 만나면 "내가 뭐라고 했어? 동남아시아 사람은 다 게으르다고 했지? 내 말이 딱 맞잖아."라고 말합니다. 부지런한 동남아시아 사람을 만나면 그런가 보다 하고 지나치죠. 우리의 편견은 대부분 이렇게 생겨나요.

누가 여자는 말이 많다고 우기면 이렇게 말하면 돼요.

"보고 싶은 것만 보니까 그렇지."

누구나 편견의 희생양이 될 수 있어

편견을 없애기 위해서 노력해야 하지만, 보고 싶은 것만 보는 것은 인간의 습성이기 때문에 어쩔 수 없이 편견에 빠지는 경우가 많아요. 어른도 예외가 아니에요. 똑같이 잘못해도 모범생이 했느냐, 불량 학생이 했느냐

에 따라 다르게 보는 어른이 많으니까요. 불량 학생이 잘못하면 "역시 그럴 줄 알았어. 쯧쯧쯧……." 하겠지만, 모범생이 하면 못 보고 지나치거나 "무슨 이유가 있겠지." 하고 자비롭게 반응하죠. 게다가 불량 학생이라고 '찍힌' 학생은 아무리 모범적인 일을 해도 잘못했던 행동만 기억해요.

개인에게만 그런 것이 아니라 집단이나 단체에 대해서도 마찬가지입니다. 기상청의 일기 예보가 아무리 자주 들어맞아도 사람들은 틀린 경우만 기억하고 비난하죠.

용철이의 하루에서 보이는 편견을 조금 더 주의 깊게 들여다보면 우리가 여자, 흑인, 동남아시아 사람 등 주로 특정한 집단의 사람들에게 편견을 가지고 있다는 것을 알 수 있어요. 편견의 대상이 되는 집단은 대부분 여자나 흑인이나 시골 사람처럼 주로 우리 사회에서 힘이 약한 사람들이에요.

사회적 약자가 주로 편견의 대상이 되다 보니 특정 집단에 대한 편견은 이유 없는 증오로까지 이어져요. 이슬람교도들이 테러리스트라는 편견이 있으면 단지 이슬람 교도라는 이유로 폭력 사건의 죄를 뒤집어씌우기도 해요. 아무 죄 없는 사람인데 얼마나 억울하겠어요.

사회적 약자
신체적이나 문화적인 특징 때문에 사회에서 차별적인 대우를 받으며 사는 사람들을 뜻해요.

사회적 약자가 아니라도 편견의 대상이 될 수 있어요. 예를 들어 명문대 출신이면 다들 부러워하겠지만 잘난 척할 것 같다는 시선을 받을 수 있죠. 난 전혀 잘난 척하지 않는데 사람들이 그렇게 보면 억울하잖아요.

이런 억울함은 편견의 대상이 되는 사람이라면 누구나 느끼기 마련이에요. 내가 억울하면 남들도 똑같이 억울합니다. 사회적 약자는 얼마나 더 억울하겠어요.

우리는 편견에서 벗어나도록 노력해야 합니다. 내가 가진 믿음이 정말로 옳은지 그른지 항상 의심하고 되물어 봐야 해요. 이것을 비판적인 자세라고 하죠. 특히 자신의 믿음이 틀렸다는 증거가 나오면 그 믿음이 틀린 것 아닌가 의심해야 해요.

동해안 사람들은 모두 오징어를

잡고 사는 줄 아는 서울 사람이 있습니다. 저는 동해안에 살지만 오징어를 잡고 살지 않는다고 하면, "내 말은 대체로 그렇다는 거지."라고 말해요. 저 말고도 오징어를 잡고 살지 않는 사람이 많다고 하면, "내 말은 절반은 그렇다는 거지."라고 말하고요. 오징어를 잡고 사는 사람들은 아주 소수라고 말하면, "오징어를 잡고 사는 사람들이야말로 진짜 동해안 사람들이지."라고 말해요. 제가 '진짜 동해안 사람'이 되지 않는 것 정도야 별로 중요한 일이 아니지만, 이런 식으로 테러리스트라고 오해받는 이슬람교도는 얼마나 억울하겠어요?

이 사람 같은 태도를 아전인수(我田引水)라고 말하죠. 자기 논에 물 대기

111

라는 뜻인데, 틀렸다는 증거가 나오는데도 자기 생각을 바꾸지 않고 자기에게 유리하게 해석한다는 말이에요.

틀림없는 것처럼 보이는 과학도 끊임없이 틀린 부분을 수정하며 발전한다고 이야기했죠? 하물며 우리의 상식적인 생각은 어떻겠어요? 우리는 기존의 생각을 계속 의심하면서 바꿔 나가야 해요. 그렇게 하려면 자기가 틀린 것을 인정하는 자세가 필요해요. 그래야 편견으로 억울하게 피해를 보는 사람이 줄어들 테니까요.

머피의 법칙은 나에겐 안 통해!

가끔 시계를 보는데 시간이 딱 4시 44분일 때가 있어요. 굉장히 신기하죠. 4시 43분도 아니고, 4시 45분도 아니고, 딱 4시 44분에 시계를 봤으니까요. 숫자 4를 싫어하는 사람은 뭔가 불길하다고 생각할지도 모르겠네요.

이것은 까마귀 날자 배 떨어지는 것처럼 우연의 일치일 뿐이에요. 4시 44분이나 4시 43분이나 4시 45분이나 모두 하루 스물네 시간의 수많은 시각 중 하나일 뿐이에요. 시계를 볼 때 4시 44분만 보는 것이 아니죠. 10시 28분도 보고 2시 52분도 보지만 그때는 그 시간도, 시계를 봤다는 사실도 기억에 남지 않아요.

4시 44분을 볼 때는 같은 숫자가 연속되는 데다 그게 하필 불길하다고 생각하는 숫자 4니까 기억에 남는 것뿐이에요. 신기할 것도 불길할 것도 전혀 없어요.

'머피의 법칙'을 알고 있나요? 한 번 안 좋은 일이 일어나면 연달아 안 좋은 일이 일어난다는 법칙이에요. 그런데 머피의 법칙이라는 것도 사실은 안 좋은 일만 기억에 남기 때문에 생긴 거예요. 몇 가지 예를 들어 볼까요?

다른 버스는 다 오는데 내가 기다리는 버스만 오지 않는다.

세차를 하면 다음 날 꼭 비가 온다.

내가 응원하는 팀은 꼭 진다.

급할 땐 휴지가 없고 휴지가 있으면 화장실이 없다.

횡단보도 신호등은 항상 내 앞에서 빨간불이다.

수학 여행을 가면 꼭 비가 온다.

필요한 물건을 사고 난 뒤 할인 행사를 한다.

내가 서서 기다리는 줄은 늘 가장 늦게 줄어든다.

머피의 법칙을 맞는다고 생각하는 이유는 보고 싶은 것만 보고 듣고 싶은 것만 듣기 때문이에요. 다른 버스는 다 오는데 내가 기다리는 버스만 오지 않는 것 같죠? 그러나 내가 기다리는 버스가 금방 올 때는 기억을 못 하고 오지 않을 때만 기억하기 때문에 그런 생각이 드는 거예요. 버스가 안 올 때는 기분이 나쁘니까 기억하지만 금방 올 때는 기억할 이유가 없으니까요.

내가 응원하는 팀은 꼭 진다는 생각도 이겼을 때는 잊어버리고 졌을 때

만 안타까워서 기억하기 때문에 생긴 거예요. 정말인지 아닌지 조사하려면 어떻게 해야 할까요? 최소한 몇 년 동안은 내가 응원할 때마다 정말로 우리 팀이 졌는지 이겼는지 조사하면 되겠죠.

질문 있어요!

편견은 어떻게 생기고 어떤 영향을 줄까요?

"여자는 겁이 많아요." "동남아시아 사람들은 게을러요." 이런 말들은 우리를 둘러싼 편견이에요. 주변 사람들 또는 텔레비전 방송과 인터넷, 책 등에서 우리는 굉장히 다양한 편견을 접하며 살아요. 이런 편견은 왜 생겨났을까요? 비판적인 생각 없이 다른 사람의 생각을 그대로 받아들이고 쉽게 판단하기 때문이에요.

2009년 7월, 대학교수인 인도 사람 보노짓 후세인은 버스 안에서 술 취한 남자에게 욕설을 들었어요. 이를 신고하러 경찰서에 가자 경찰은 보노짓이 교수일 리 없다며 신분증을 위조한 게 아니냐고 의심했어요. 이 이야기는 편견이 사람을 차별하게 만들고 한 사람을 고통스럽게 할 수 있다는 사실을 보여 줘요.

하버드 대학교에서 개발한 IAT 검사를 통해서 다양한 주제에 대해 내가 가진 편견이 무엇인지 알아볼 수 있어요. 내가 가진 편견이 가져올 나쁜 영향이나 결과를 생각해 봐요.

편견은 나의 자존심을 낮추고 다른 사람에게 고통을 줄 수 있어요.

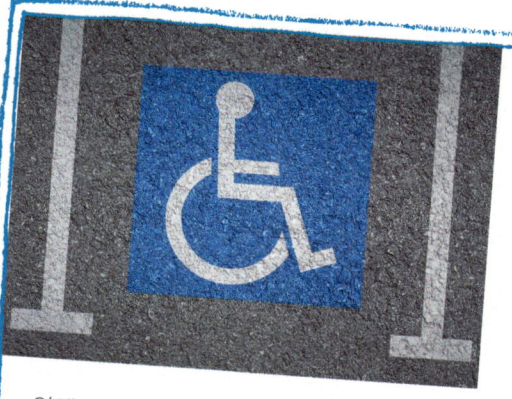

편견으로 가장 많은 차별과 고통을 당하는 사람들은 장애인이나 이주민, 성소수자 등 사회적 약자들이에요. 이들의 목소리와 생각은 잘 들리지 않지만 그 안에는 낡고 잘못된 생각을 무너뜨리는 큰 힘이 있답니다.

117

과학자처럼 생각하기

오늘은 일요일, 지원이는 발명품 대회를 준비합니다. 지난번 대회 때는 아이디어가 좋았는데 예선에서 탈락해 너무 아쉬웠어요. 대회 날이 마침 지원이 생일이어서 엄마가 미역국을 끓여 주셨는데, 아무래도 그게 마음에 걸리네요.

'이번에는 미역국 따위 절대 먹지 않겠어.'

지원이의 혈액형은 O형입니다. O형은 혼자 하는 것보다 여럿이 함께하

는 게 좋다고 해요. 지원이는 지난번에 혼자 대회에 나간 것을 후회하며 이번에는 친구들과 함께 발명품 대회를 준비해요.

아무리 기다려도 친구들과 만나기로 한 과학관에 가는 버스가 오지 않아요. 버스 도착 안내판을 보니 한참 뒤에야 도착할 것 같아요. 지원이는 할 수 없이 조금 멀리 돌아가는 다른 버스를 탑니다.

'왜 내가 기다리기만 하면 버스가 늦게 올까? 다른 버스는 다 금방 오는데……'

지원이는 짜증을 누르고 스마트폰으로 별자리 운세를 찾아봐요. 오늘 사자자리는 출발이 순조롭지 못하지만, 곧 좋은 일이 생길 테니 우울한 표정을 버리고 기분 전환을 하라고 나오네요. 안 그래도 오늘 저녁에 야구를 보러 가기로 한 지원이는 감탄해요.

'와, 족집게. 딱 내 이야기네!'

곧이어 날씨를 검색하니 오후부터 비가 내린다고 해요.

'왜 하필 오늘 비가 내리지?'

아쉽지만 오히려 잘됐다는 생각이 들어요. 지원이가 야구를 보러 가면 그날은 응원하는 팀이 꼭 지거든요. 과학관에 도착하니 한쪽에서 관광객들이 큰 소리로 이야기를 나누고 있었어요.

'어휴, 역시 중국인은 시끄러워.'

자, 지원이의 생각 중에 황당하고 어리석은 부분을 찾아볼까요? 설마 이상한 점을 전혀 발견하지 못한 건 아니겠죠? 예전에는 여러분도 지원이처럼 생각하고 행동했겠지만, 이제는 무엇이 잘못됐는지 금방 알 수 있을 거예요.

지원이는 미역국을 먹어서 발명품 대회에 떨어졌다고 생각했어요. 자신에게 진짜 도움이 되는지 안 되는지 잘 생각하지도 않고 혈액형 심리학을 믿어 버렸죠. 자기가 기다리는 버스는 언제나 늦는다고 믿었고, 오늘의 운세가 잘 맞는다고 신기해했죠. 자기가 경기를 보러 가면 응원하는 야구 팀이 진다고 믿는 데다가 중국인은 시끄럽다는 편견까지 가지고 있어요.

지원이의 생각은 비합리적이고 비과학적입니다. 단순히 우연의 일치일 뿐인데 서로 관련되었다고 생각하고, 아무 근거 없는 이야기에 마음을 빼앗겨 영향을 받았으니까요. 또 자신도 모르는 사이에 편견에 빠진 눈으로 다른 사람을 바라보기도 했죠. 과학의 시대를 사는 우리는 이런 생각을 버

려야 합니다. 한번 되짚어 볼까요?

1. 개인적인 경험을 근거로 UFO나 네스호의 괴물처럼 이상한 것을 믿는다.
2. 우연의 일치를 특별하게 생각해 점쟁이 문어 파울에게 신비한 능력이 있다고 믿는다.
3. 원인과 결과를 제대로 살펴보지도 않고 미역국 때문에 시험을 망쳤다고 생각한다.
4. 점쟁이의 말이나 혈액형 이야기처럼 애매모호하고 알쏭달쏭한 말을 그럴 듯하게 생각한다.
5. 자기가 보고 싶은 것만 보고 듣고 싶은 것만 들으면서 편견이 옳다고 생각한다.

이런 비합리적이고 비과학적인 생각을 버리려면 어떻게 하면 될까요?

1. 내 경험이 다른 사람들도 동의하고 받아들일 수 있는 것인지 확인한다.
2. 우연의 일치를 특별하게 생각하지 말고 확률과 같은 합리적인 이론으로 설명할 수 있는지 살펴본다.
3. 관찰과 실험을 반복해 원인과 결과가 서로 관계가 있는지 조사한다.
4. 애매모호하게 표현하지 말고 맞는 말인지 틀린 말인지 알 수 있도록 분명

하게 표현한다.
5. 자신에게 유리한 증거만 받아들이지 말고 근거가 틀렸으면 잘못된 생각을 과감히 버린다.

마지막 이야기를 할 시간입니다. 시계를 보니 4시 44분이네요. 창밖으로 하늘을 보니 UFO 같은 물체가 떠다녀요. 이제 여러분은 놀라지 않겠죠? 한편으론 섭섭할지도 몰라요. UFO가 없는 삭막한 하늘, 타로 점이나 혈액형 알아맞히기 같은 쏠쏠한 재미를 빼앗긴 일상, 해리 포터 같은 마법사도 인정하지 않는 머글만 있는 세상은 너무 따분할 테니까요.

합리적이고 과학적인 생각을 강조한다고 해서 여러분에게 즐거운 상상력을 버리라고 말하는 것은 절대 아니에요. 창조적이고 놀라운 생각은 꿈과 상상에서 샘물처럼 솟아나죠.

제가 말하고자 하는 것은 타로 점이나 마법이 과학적인 근거가 없음을 알고서 즐기는 태도와 "정말로 잘 맞아. 뭔가 근거가 있어."라고 생각하는 태도는 전혀 다르다는 거예요.

과학 없이 살 수 없는 세상을 살아가려면 과학자들이 연구한 많은 지식을 배우는 일도 중요해요. 하지만 그것 못지않게 중요한 것이 있어요. 바로 제가 앞에서 들려준 이야기를 기억하고 생각의 함정에 빠지지 않도록 주의하는 태도입니다. 그렇게 하면 훨씬 더 쉽게 합리적이고 과학적인 사람이 될 수 있어요. 과학적 지식을 배우려면 어려운 개념을 이해하고 익혀야 하지만 비합리적인 생각을 피하기 위해서는 마음가짐만 올바르게 세우면 되니까요.

우리는 과학 기술 덕분에 풍요롭고 안락한 삶을 살 수 있게 되었어요. 그렇다고 해서 모든 사람이 과학 기술자가 될 필요는 없어요. 그러나 과학자처럼 합리적으로 생각할 필요는 있어요. 그래야 더욱 현명하고 올바른 사람이 될 수 있답니다.